MONOLOGUES

Conception et édition :
Margot Reibel et Yves Morard-Lacroix
Mise en page : Trëma Print EI

81, rue Réaumur
75002 Paris
www.leseditionsdu81.fr

Philippe Rousselot

MONOLOGUES

éditions du 81

À Erik et Sasha

LES CHIENS

Avant d'ouvrir la porte, la main à peine posée sur la poignée, et même si je sais que ce n'est qu'une illusion et que cela ne durera que quelques secondes, le savoir ne sert à rien, je les entends hurler, les chiens, non, ils n'aboient pas, ils hurlent comme des bêtes en enfer, ils ont leurs gueules grandes ouvertes, la langue dehors, et la bave qui file entre les dents en laissant des traces humides dans l'air.

Les chiens sautent sur les tables, renversent les chaises, grimpent sur le zinc, ils se précipitent tous vers le carré d'herbe verte qu'on voit par une petite fenêtre au milieu des bouteilles. Je vois tout ça, même si je suis dehors et que la porte est encore fermée.

Je n'ai pas le choix, il faut que j'ouvre la porte, que je laisse s'échapper ces hurlements, même si je prends tout ça dans la figure, (je pourrais dire dans la gueule, mais la gueule c'est pour les chiens,) les hurlements vont retomber et se perdre dans la rue, alors je pousserai la porte, et j'irai m'assoir au fond de la salle, là où personne ne me verra, le tête tournée vers le match de foot, et les chiens me laisseront tranquillement boire mon Picon-bière. (Trois déci d'amer Picon pour douze de bière normale, ça nettoie la tête et fait passer toutes ces images de chiens qui collent.)

Bien sûr il faudra attendre, attendre, le patron ne va pas s'apercevoir tout de suite que je suis là, à attendre, surtout s'il a la tête tournée vers le match.

Un petit bâtard vient me renifler les chaussures, qu'est-ce qu'elles ont mes chaussures, pourquoi ne s'intéresse-t-il pas au foot celui-là ? Je me retiens de lui donner un coup de pied à cause des autres chiens qui pourraient prendre son parti, on ne sait jamais avec les chiens.

Qu'on me fiche la paix, dans ce bistrot, qu'on me laisse boire tranquillement mon Picon-bière, c'est le seul bistrot où on en trouve encore, la plupart du temps ils ne savent même plus ce que c'est. C'est la seule façon d'oublier les chiens, ou plutôt de faire en sorte que les chiens m'oublient, trop occupés à regarder le match de foot. Si seulement ils pouvaient arrêter d'aboyer, on pourrait s'entendre, mais voilà qu'arrive le verre de bière couleur caramel sur le petit carré de carton avec la marque d'une autre liqueur, ça fait longtemps que Picon ne refile plus gratis les dessous de verre avec sa marque, alors on prend le carton de la marque de bière, le petit carré de carton qui est censé éponger l'humidité due à la condensation sur les parois du verre refroidies par la bière, (mais pas par le Picon,) mais qui n'absorbe rien du tout, parce qu'il est bien trop sec, et ça va laisser des traces sur la table, mais qu'est-ce qu'on peut y faire, je ne vais pas me mettre à lécher les traces laissées sur la table, je ne suis pas un chien tout de même, et d'abord, le foot je m'en fiche.

D'abord il y a l'amertume, ça c'est le Picon, puis le léger picotement, c'est la bière, et le froid, même si c'est l'hiver, ça fait du bien, et petit à petit, les chiens disparaissent, sauf le petit bâtard qui renifle toujours mes baskets. Qu'est-ce qu'elles ont mes baskets, maintenant il n'y a plus de chiens, que des gens ordinaires qui regardent la fin du match, le verre est presque vide, il va falloir faire signe au patron tout occupé qu'il est avec les chiens. Il va passer un coup de chiffon pour effacer les traces sur la table, à moins qu'il ne se dresse sur ses pattes arrière et lèche la table, ça arrive.

Je sais qu'il compte les verres, il ne se trompe jamais. Je n'en suis qu'à mon deuxième, les gens ne disent plus rien, ils doivent être déçus, dans un match de foot il y a souvent un perdant, c'est normal, alors ils s'en vont un par un, les oreilles basses et la queue entre les jambes, même le petit bâtard qui ne s'intéresse plus à mes chaussures et qui est parti en donnant la main... Un troisième verre ? On sait jamais, il pourrait y avoir un autre carré de pelouse verte et les chiens pourraient revenir aboyer et faire un boucan pas supportable, le patron laisserait faire, la tête tournée vers le match, et pas moyen de se faire servir. Trois verres pas plus et je vais remonter la rue, quatre cents mètres tout au plus, après il y a des escaliers très raides et souvent on peut glisser sur les marches, donc il faut s'accrocher à la rambarde en fer qui est toute froide, surtout en hiver et qu'on a pas de gants mais surtout il faut regarder à droite à gauche en avant et en arrière, parce qu'il peut y avoir des chiens et même si on ne les voit pas avec leur gueule ouverte, la langue sortie qui se balance et la bave qui file entre les dents. Des fois ils sont polis et disent bonjour mais il ne faut pas s'y fier, on ne sait jamais ce qu'ils pensent, même pendant un match de foot.

Je grimpe la côte, et les escaliers vers la montagne parce que les chiens viennent de la mer, il y en a moins vers la montagne et tout en haut plus du tout. Ils ne sont pas tous méchants, mais on ne sait jamais avec les chiens mais au bout d'un moment je suis bien obligé de redescendre parce que plus on monte moins il y a de bistrots, et encore moins des bistrots avec du Picon-bière, de la bière oui mais du Picon non, les gens ne savent même plus ce que c'est, les chiens non plus.

On a toujours bu du Picon-bière dans ma famille, d'abord mon père, puis mon grand-frère avant moi. Ma mère c'était le Guignolet-Kirsch, on n'en trouve plus maintenant, vous pouvez chercher, moi je n'ai pas cherché mais je suis sûr que ça ne se fait plus, et de toute façon ça ne marche pas avec les chiens, ça ne les fait pas partir, match de foot ou pas. Je n'ai jamais joué au foot, quand j'étais petit, j'étais vraiment petit, (même maintenant, je ne suis pas très grand,) alors on ne me demandait pas de venir jouer, c'était pour les plus grands. À l'époque, il n'y avait pas de chiens, ou peut-être qu'on ne les voyait pas. C'est bien plus tard que j'ai commencé à les entendre. Mon frère ne les entendait pas et il disait que je racontais des histoires, mais c'était avant qu'il lui arrive des histoires à lui, avec la police qui est venue le chercher jusque dans le sous-sol de sa maison qui était pourtant bien cachée dans les arbres de la montagne tout en haut des escaliers et où il travaillait à fabriquer des médicaments. De temps en temps il m'en donnait à prendre quand j'avais mal à la tête, c'est pour ça que je n'arrivais pas à jouer au foot, mais ça marchait pas à tous les coups et c'est à cette époque-là que j'ai commencé à entendre les chiens même si mon frère n'entendait rien. Après quand il est parti avec la police il n'y avait plus de médicaments et j'ai continué à avoir mal à la tête. C'est pour ça que je monte la côte et les escaliers pour voir si mon frère est revenu dans la maison cachée dans les arbres avec les médicaments. Lui non plus il n'aimait pas trop les chiens, il disait qu'on ne pouvait pas leur faire confiance, avec leurs hurlements de bêtes sauvages et la bave qui file entre leurs dents avec des traces d'humidité dans l'air. Mon père lui il aimait bien les chiens et il avait pas peur de leur caresser la tête même quand ils avaient la gueule ouverte et la langue qui se balance au dehors d'un côté à l'autre. L'autre jour j'en ai vu plein dans le super marché qui faisaient la queue à la caisse, mais sans rien dire. J'étais venu acheter de la bière mais j'ai été obligé de sortir parce que je savais qu'ils allaient tous se mettre à hurler. Il y a des jours où j'ai pas la patience.

Il n'y a pas de chiens le matin, ça commence en fin d'après-midi quand la lumière baisse et la tristesse qui monte, et puis c'est la catastrophe, la mer devient méchante et la montagne se cache dans le ciel. C'est à ce moment-là que les chiens décident de sortir de je ne sais où et à envahir les cafés et les restaurants, partout où il y a des matchs de foot. Et c'est le vacarme à vous faire crever les oreilles, tous à courir après un ballon, et moi à courir vers mon bistrot où on trouve encore du Picon-Bière, du Guignolet-Kirsch, du Ratafia, de la Suze-cassis enfin tout ce qui donnait un sens à la vie, moi c'est le Picon-bière, trois déci de Picon et le reste de bière, bien sûr, on peut mettre plus de Picon et moins de bière mais plus on en met plus c'est du Picon et moins on en met plus c'est de la bière, c'est normal. Le patron de bistrot sait comment faire, il a l'habitude même quand il a la tête tournée pour voir le match et que les chiens sautent sur les tables et renversent les chaises, les pattes sur le zinc la gueule ouverte sur des dents incroyablement pointues avec la bave qui file en laissant des traces d'humidité dans l'air. Au bout du troisième verre la situation est plus calme, les gens ne disent plus rien même s'ils sont déçus de ne pas avoir gagné le match, on ne peut pas gagner à tous les coups, alors on peut boire tranquille. Après il faut remonter la pente et les escaliers qui glissent et on tombe si on se tient pas à la rampe pour voir si mon frère est revenu dans la maison cachée dans les arbres mais il y a peu de chance qu'on la trouve maintenant dans l'obscurité. On ne voit plus que les étoiles au-dessus de la montagne mais pas la montagne elle-même, il fait trop noir, alors on se décourage, il reste encore trop de chemin à faire, la pente est raide et les marches glissantes. On redescend voir si jamais le bistrot est encore ouvert, plein de chiens qui hurlent à cause des joueurs de foot qui vont perdre le match, même si c'est normal de perdre un match.

D'AIRE EN AIRE

— Elle a tiré.
— Il était passé au-dessus de la porte.
— Elle a tiré dehors.
— Dehors ou dedans ?
— Il avait réussi à passer au-dessus de la grande porte.
— Elle c'était qui ?
— Une collègue, elle a tiré depuis le mirador.
— Une collègue ? Et il était dehors !
— N'empêche qu'elle a pas eu peur de tirer.

Deux tables plus loin, quatre grands gaillards en uniforme de l'administration pénitentiaire tiennent une conversation qui glisse à l'horizon de mon écoute et s'efface au fur et à mesure qu'ils s'éloignent vers la fourgonnette qui les avait conduits jusqu'ici.

Je finis un café imbuvable mais bu malgré tout.

Je lance mon filet pour ne pas laisser s'échapper cette conversation, car tout est bon à prendre.

Cela se passe sur une aire d'autoroute qui malgré tous ses efforts pour exister pleure d'une anonymie préméditée.

Plus tard :

Le long de la route un camion muni d'un énorme rasoir au bout d'un bras mécanique travaille à embellir les bas-côtés sur lesquels des arbres rebelles en ressortent démembrés, meurtris et humiliés.

Je pense à une biographie d'un peintre italien qui se nommerait Vinci et qui de toute sa vie n'aurait peint que des autoroutes.

Arrivé au péage, je vois les mêmes gars en uniforme qui fouillent un véhicule vraisemblablement choisi au hasard.

Je cherche un lien autre que l'autoroute et que je sais introuvable, entre mon peintre, les gars en uniforme et les arbres aux membres arrachés.

Le voyage est une longue succession d'instantanés qui se fuient les uns les autres et refusent de faire route ensemble, malgré la bande sonore alimentée par le bruit uniforme du moteur qui s'essouffle en une vaine réconciliation.

Je conduis lentement, non à cause des radars, mais par crainte que la vitesse me fasse perdre tous ces morceaux d'un paysage éclaté.

La route ne relie pas, elle évite les villes, elle sépare, elle tranche, affirmative et ne laisse aucune place à la contestation. Elle file à l'infini, au-delà de l'horizon d'un paysage en ruines.

Il y eut un temps où les choses se tenaient les unes aux autres reliées par un fil, mais elles sont maintenant éparpillées, le fil pend misérablement.

Quel désastre ! J'ai pu sortir de la prison en passant par-dessus la porte. Comme prévu, elle m'a tiré dessus depuis le mirador, elle a pas eu peur, mais quelle idée de tirer sur un homme qui est dehors et qu'on a du mal à voir sur le fond ocre-jaune d'herbes jaunies en début d'automne. Je l'imagine, elle, en haut de son mirador, le fusil mitrailleur bien calé contre l'épaule, l'œil droit ouvert dans l'alignement de la lunette, la partie gauche du visage déformée par la fermeture de l'autre œil, pendant que les balles sifflent à mes oreilles, en fait j'imagine qu'elles sifflent leur petite chanson mais je n'entends que les détonations et la voix de grands gaillards qui parlent de leur consœur qui a pas eu peur de tirer. De toute façon elle ne pouvait pas m'atteindre, on ne tire pas sur une conversation.

Je n'en ai jamais fini de recoller les morceaux, alors que la colle ne retient que ce qu'elle peut, mais autant recoller de l'eau qui coule avec de l'eau qui déborde. J'attrape toute conversation comme un pêcheur à la mouche sans même effleurer la surface de l'eau, et ainsi, je parviens quelque fois à recoller les morceaux.

C'est grâce à ces débordements que je me glisse dans les conversations et pars avec les autres, jusqu'à les distancer, c'est ainsi que j'ai réussi à passer au-dessus des portes de prison et même si, dehors, on me tire dessus, on ne change pas pour autant de sujet. Mais au fil de la route, la conversation s'essouffle, l'homme s'effondre touché par une balle qui a transpercé le poumon gauche un peu en dessous de l'omoplate à moins qu'il n'ait été découvert caché dans le coffre de la voiture, et là, fin de la conversation !

Je ne vais pas tenir longtemps, même si la radio dégorge son flot de conversations du matin au soir; celles-ci ne m'emportent pas, il leur manque un paysage, il leur manque d'être là où je suis, même si je ne suis là que par hasard.

J'ai soif, une soif de vampire, sans les mots des autres je meurs.

Je sais, j'ai le sens du drame, je me fais mon petit théâtre, même dans ma petite voiture qui ne va pas bien vite, mais c'est comme ça qu'il faut qu'elle aille si je veux recoller les morceaux.

Les grands gaillards s'éloignent sur le parking d'une aire d'autoroute, je m'étonne : avoir mis une femme en poste dans le mirador avec un HK G36, c'est du jamais vu, pas étonnant qu'on l'ait raté, quoique par la suite on ait retrouvé des traces de sang dans l'herbe, mais peut-être s'était-il blessé lui - même en passant au-dessus de la porte.

J'avais repéré l'agent X, même de loin, lorsque du mirador elle plongeait un regard souverain sur la cour, je dis sur la cour, car jamais elle n'aurait arrêté ses yeux sur quiconque, moi encore moins, comme si nous n'existions pas. Elle avait l'air de dire à qui la regardait : « Non seulement je suis belle, mais en plus c'est moi qui tiens le flingue ! »

J'ai choisi le jour et l'heure de mon escapade en fonction de sa présence. Je voulais que ce soit elle qui me voit dans la ligne de mire, et tant pis si elle me rate ou ne fait qu'effleurer mon omoplate ou traverser mon poumon gauche. Et si je parviens à franchir la gare de péage, caché dans le coffre d'une voiture, je n'aurai de cesse de la retrouver quelle que soit la conversation.

Elle l'a pas raté, il est tombé dans l'herbe d'abord, là où on a retrouvé du sang, et puis après il a dû se relever, je sais pas comment il a fait pour disparaître.

La conversation continue pendant que les agents montent dans leur fourgonnette. Je reste finir mon café, avec une douleur au-dessous de l'omoplate et au travers du poumon gauche.

Je mange, je dors, je bois, je croise les jambes, ou les doigts, mais rarement tout en même temps, il m'arrive de sourire, mais de pleurer, jamais. Je suis très bavard, mais on ne m'entend pas. Je vis peu, et je fais semblant la plupart du temps. Je dis « je », mais c'est un abus de langage, on aurait du mal à trouver ce « je » quelque part, sauf à en chercher la trace dans les conversations dont je suis à la fois le lien, le sens, la mémoire, en fait, je ne suis qu'un pot de colle.

Elle a tiré dans le mille ! Les heures d'entraînement au centre de formation n'ont pas été inutiles. Elle ne s'attendait pas à ce que l'occasion de mettre en pratique l'enseignement qu'on lui avait accordé se présente aussi rapidement. Elle ressent ce tir comme une revanche, non pas contre le type qui s'est écroulé dans l'herbe, ocre-jaune en ce début d'automne, et qui n'est rien pour elle, juste une cible, mais contre ses collègues qui vont peut-être arrêter un moment les blagues sexistes, blagues, qui à force d'être répétées, ont non seulement perdu leur férocité mais également leur humour contestable, encore que rien ne soit moins sûr.

Bien que couché dans l'herbe, cette herbe desséchée après un été sans pluie, et dont la couleur avait viré du vert-amande vers l'ocre-jaune, ou quelque chose de plus fade encore, semblable à la terre d'où elle était sortie, et malgré le sang qui vient ajouter provisoirement un peu de rouge brique, et avant que celui-ci ne coagule et ne rejoigne la même gamme de ton, je n'en admire pas moins la précision du tir, la détermination, l'absence de toute considération humanitaire, qui de façon évidente ne lui a pas été inculquée au cours de son apprentissage, l'affirmation de sa place dans un monde jusqu'à présent réservé aux hommes, mais je ne peux également pas éviter un sentiment d'admiration pour cette amazone, cette guerrière au corps bien dessiné, à la figure altière, propre à servir de modèle à une statue patriotique de l'époque post-romantique au milieu d'une place de village en province, ce qui laisserait à penser que je partage assurément un fantasme masculin assez commun. Mais les pots de colle ont-ils un sexe ?

Mais voilà que je me mets en scène comme le dormeur du val d'un certain Rimbaud dont je n'ai malheureusement pas le talent, ici pas de rivière qui chante, pas de mousse de rayons, ni d'haillons d'argent, seulement de l'herbe jaune où gît une bête blessée qui croyait pouvoir s'en tirer, en faisant le pari stupide qu'une femme, malgré son apparence d'ange exterminateur, n'aurait pas les couilles nécessaires pour tirer du haut du mirador sur un homme qui s'enfuit dans l'étendue d'herbes jaunies tout autour de la prison, en ce début d'automne.

Il n'y a pas de soleil, seule la lumière froide à travers une couche épaisse de nuages gris, pas de quoi en faire un tableau et encore moins un poème. Là le temps ne passe plus, comme une image qui lorsque le projecteur s'arrête inopinément et brûle la pellicule, se transforme en caramel fondu.

La sirène de la prison, plainte douloureuse qui porte le deuil d'un de ses pensionnaires, les aboiements des chiens lancés à la poursuite de celui qui n'est déjà plus, une balle lancée depuis un mirador ont coincé la machine à faire avancer le temps.

L'autoroute ne passe pas bien loin, on peut même apercevoir la prison si on prend le temps de regarder et qu'on ne roule pas trop vite. Le mirador en surplombe la silhouette ocre-jaune, une couleur semblable à celle de l'herbe qui recouvre la plaine alentour, et fait figure de point d'exclamation dans un paysage qui semble n'être fait que de lignes horizontales. Par contre, il serait présomptueux de penser que l'on puisse y distinguer la silhouette d'une femme au corps athlétique et encore moins découvrir en reflet dans ses yeux vert pâle une présence humaine au milieu de cette étendue d'herbes sèches.

L'agente X pense à la réaction de sa hiérarchie : « Pas mal pour une gonzesse ! » Ce n'est pas ce qu'elle va entendre, mais ce n'est pas loin de ce que l'on va penser à son sujet, et ça lui fait plaisir de le savoir.

Et pendant tout ce temps-là personne ne se préoccupe d'un pauvre type qui se traîne dans l'herbe, un poumon perforé, ou presque, mais ça n'a pas d'importance, tout ce qui m'importe c'est de suivre la conversation, alors que cinq grands gaillards s'apprêtent à monter dans la fourgonnette.

Les conversations sont comme de l'eau qui suivent le chemin de la moindre résistance. De sources elles deviennent ruisseaux, rivières, lacs, fleuves et enfin une mer où tout se noie. Quand une conversation se termine, mes yeux se ferment, je suis couché dans l'herbe jaune pendant que mon sang abreuve le sol desséché en ce début d'automne, la jeune femme repose le fusil mitrailleur HK G36 de marque allemande et pense à la paperasse qui l'attend, rapport oblige, mais c'est le prix à payer. Elle a toujours été bonne en orthographe et elle n'a pas peur qu'on la reprenne sur ce sujet.

La fourgonnette roule sur la voie de gauche parce que celle de droite est fermée par une succession de cônes rouges de façon à protéger les véhicules de la compagnie responsable de la bonne maintenance des berges et des fossés passant le paysage au rasoir, et dont le nom rappelle celui d'un peintre célèbre. On a bien envie de jouer aux quilles avec ces cônes rouges et de les renverser tous, mais on se retient.

Je n'arrive pas à croire qu'on se soit arrêté prendre un café sur l'aire d'autoroute avant le péage, comme si on faisait la visite obligée des sites touristiques, alors que le type risque de nous filer entre les pattes, comme si ça n'avait pas d'importance, mais tout ce qui les intéresse c'est cette gonzesse qui lui a tiré dessus. De toute façon maintenant autant chercher une aiguille dans une botte de foin. On va arrêter des bagnoles au hasard, histoire de voir à quoi ressemble les conductrices, qui sait, on pourrait tomber sur une qui nous trouverait sympathique. Certainement pas ce type avec sa bagnole pourrie qui conduit à quinze à l'heure et qui nous regarde d'un air ahuri. Maintenant les gars vont raconter leurs histoires de filles rencontrées sur l'autoroute, histoires que j'ai déjà entendues et que je n'ai aucune envie de réentendre, alors j'appuie sur la pédale, non pas pour aller plus vite mais pour noyer la conversation sous le bruit du moteur, même si je dois rouler en sous-régime. « Passe en cinquième nom de dieu », c'est le chef qui ne participe à la conversation que pour montrer qu'il est bien le chef, mais je n'en tiens pas compte et rétrograde parce qu'on arrive au péage et c'est là qu'on est censé s'arrêter, descendre de la fourgonnette, tenter de repérer les bagnoles suspectes et vérifier leur contenu. Peut-être va-t-on trouver un type qui pisse le sang caché dans un coffre, ou sur une banquette arrière, sous une couverture.

Les coups de feu ont déclenché l'envol des oiseaux perchés sur les branches d'un arbre et provoqué ce nuage bruissant d'ailes noires qui va rapidement se disperser pour se reformer un moment plus tard lorsque les étourneaux vont revenir au même endroit. C'est en tout cas la dernière image qui devrait s'imprimer sur ma rétine avant que tout devienne définitivement noir, mais étant tombé sur le ventre, le nez écrasé sur le sol durci par des mois de sécheresse, sans doute cassé et sur le point d'être déformé par un œdème disgracieux, pour autant que le sang puisse parvenir jusque-là, étant trop occupé à s'écouler de ma poitrine, pour se glisser dans les fissures creusées dans la boue lors d'une pluie depuis longtemps oubliée. Il n'y a d'ailleurs pas d'arbre sur ce terrain d'une angoissante platitude et déserté par les oiseaux.

On arrête les voitures qui semblent correspondre au signalement, mais le signalement est trop vague et toutes les voitures se ressemblent, grises et en forme de pommes de terre. Les gens nous demandent ce que l'on cherche, mais comment leur dire qu'un homme est tombé dans l'herbe sèche autour de la prison sous les balles d'une agente de l'administration pénitentiaire en pleine possession de ses moyens, en dessous d'un nuage d'étourneaux effrayés par les détonations. Non, la conversation ne peut avoir lieu, pas là, pas maintenant. D'ailleurs on ne retrouvera le type avec un poumon perforé, ni dans le coffre d'une voiture, ni dans l'herbe autour de la prison, ni dans les conversations qui vont suivre, tout ce que l'on retiendra, c'est qu'elle a pas eu peur de tirer.

Ça vous dérange que je rentre dans vos conversations, que je prenne votre place, un peu comme on joue aux chaises musicales ? Vous n'en saurez rien, vous ne vous apercevrez pas de ma présence derrière chaque mot qui s'échappe de votre bouche, pas plus que de ma présence derrière chaque mot de la conversation que vous vous adressez dans l'apparente nuit de votre solitude. Je ne suis pas que l'ombre de vos pensées, je suis également le soleil qui l'éclaire, je souffle sur les mots qui vous viennent à l'esprit comme on souffle sur des braises pour rallumer un feu. Quel que soit le feu qui vous réchauffe, si tant est qu'il réchauffe, vos conversations brillantes ou insipides ne m'importent que dans la mesure où elles me servent à recoller les morceaux.

Je sais ce que vous allez dire, (je vous l'ai peut-être soufflé à l'oreille,) que je me prends trop au sérieux, que je n'ai pas l'importance que je me donne, mais essayez de vous passer de moi, et bonne chance ! Vous et moi ne sommes pas autre chose que ce qui est dit de nous et le paysage morcelé qui défile lentement par la fenêtre avec une vitesse proportionnellement inverse à la distance qui m'en sépare, témoin indifférent de notre conversation, ce paysage ne dit rien et se décompose au fur et à mesure que je roule par-dessus les collines. L'homme que j'emmène au-delà du péage, couché sur la banquette arrière de ma petite voiture, caché sous une couverture, ne souhaite pas, autant que je le sache, participer à cette conversation, tout occupé qu'il est par la douleur à la suite d'une balle entrée sous l'omoplate gauche alors qu'il s'enfuyait dans un terrain recouvert d'herbes sèches en ce début d'automne. J'avais aperçu cet homme sur le bord de l'autoroute à un endroit où l'on pouvait encore apercevoir les murs de la prison et le mirador qui dans ce paysage fait essentiellement d'horizontales affirmait sa verticalité comme une protestation, et, alors que l'apparition de cet homme à cet endroit précis, était une chose que j'étais en droit d'attendre, j'avais déjà ralenti sensiblement la voiture afin de pouvoir m'arrêter sans prendre le risque de gêner la circulation. Le franchissement du péage ne devait pas poser de problème, étant muni d'un abonnement, et il était peu probable que je me fasse remarquer par quelques agents de l'administration pénitentiaire occupés à vérifier le contenu d'un coffre d'une voiture appartenant à une jeune femme blonde qu'une surcharge pondérale légère rendait mal à l'aise et qu'une tenue bien trop moulante rendait encore plus apparente, alors qu'elle écoutait avec intérêt, (intérêt non pas tant pour les informations qu'on voulait bien lui donner que par le locuteur lui-même,) le récit où il était question d'un homme abattu par une femme, (elle aurait bien aimé être elle-même cette femme,) et qui du haut du mirador n'avait pas eu peur de tirer. Elle imagine, non pas l'homme qui court dans la plaine, mais une femme blonde en haut du mirador, en uniforme d'agent de l'administration pénitentiaire (identique à celui que porte l'agent qui lui parle en ce moment au niveau du péage), et qui met en valeur sa silhouette élégante, verticale, sur fond de ciel, avec à quarante-cinq degrés un fusil de fabrication allemande bien calé contre l'épaule. Mais le bruit fait par la fermeture du coffre de la voiture claque comme un coup de feu et le chef interrompt la conversation entre son subordonné et la jeune femme blonde.

— On se barre, on a retrouvé le mec pas loin de la prison dans un fossé, elle l'avait pas loupé.

Je suis pris d'une grande fatigue, la fuite, la blessure, la chute, la fuite de nouveau et le fossé dissimulé par les herbes ocres-jaunes qui provoque une autre chute dont j'ai cru ne jamais pouvoir me relever, la course encore, malgré le souffle qui manque ; la balle a-t-elle touché le poumon ? Heureusement la voiture est là où elle devait se trouver près du trou dans le grillage qui ceinture l'autoroute. Je n'ai jamais vu la personne qui conduit la voiture, elle n'a pas prononcé une seule parole pendant que je me couchais sur la banquette arrière, et a immédiatement redémarré la voiture.

Pourquoi conduit-elle si lentement ? A-t-elle peur de ne pas recoller les morceaux de son histoire ? Je m'en fiche d'ailleurs, je voudrais dormir mais la douleur m'en empêche, j'ai l'impression que le bruit du moteur diesel qui par ailleurs indique un défaut de pression de l'injecteur, est en train de ronger mon poumon gauche, la couverture qui me recouvre, (me cache ?) a une vieille odeur de naphtaline à laquelle se mêle celle du sang qui se répand et sèche sur la banquette. J'imagine le paysage qui se traîne de chaque côté de la voiture, les champs et les collines, et au milieu d'un espace plat et dégagé, des murs dont la couleur se confond avec celle des herbes sèches aux alentours, et au milieu un mirador qui sectionne le paysage de sa raideur verticale. La voiture ralentit, s'arrête, redémarre, s'arrête à nouveau, la vitre du conducteur est baissée et j'entends des voix d'hommes, un coffre que l'on ouvre, puis une voix de femme que j'imagine blonde, un peu ronde (mon expérience me dit qu'on imagine toujours à tort l'apparence physique d'une personne uniquement en fonction de sa voix). La voiture redémarre et le bruit du moteur recouvre la conversation avant que je puisse en comprendre le sens. Je suis préoccupé, non pas tant par le sang qui s'écoule, (lentement est-il nécessaire de le dire,) d'une blessure, mais par le sentiment d'avoir oublié dans la cellule plusieurs choses, mon téléphone, ma carte d'identité ou ma carte vitale, toutes choses dont je pourrais bien avoir besoin dans les circonstances particulières qui sont les miennes, mais lorsque je suis passé au-dessus de la porte toute ma concentration était dirigé vers l'accomplissement de gestes que j'avais si longuement étudiés dans ma tête pendant toutes ces semaines d'internement au point que je n'étais rien d'autre qu'un athlète sur la ligne de départ, apte à franchir des obstacles minutieusement répertoriés, sans parvenir néanmoins à ignorer la silhouette d'une femme en uniforme dont je savais qu'elle ne pourrait pas tirer sur une voiture roulant, (même lentement,) sur l'autoroute qui longe le périmètre de la prison à quelques centaines de mètres de là.

J'ai pourtant pris mon téléphone et le portefeuille contenant mes pièces d'identité quand je suis monté dans ma voiture, ce matin, direction l'autoroute, avec l'espoir de pouvoir recoller des morceaux, mais je ne peux pas me retourner et fouiller dans les poches de ma veste posée sur la banquette arrière tout en maintenant mes mains sur le volant, sans oublier qu'il y a quelqu'un couché sur cette banquette, sous une couverture et qui pisse le sang sans aucune considération pour ma veste qui va se retrouver tachée.

Ça part avec de l'eau froide, surtout pas d'eau chaude, je ne sais pas d'où je tiens ça qu'il ne faut pas laver des taches de sang avec de l'eau chaude, ce n'est pas tous les jours que j'ai des taches de sang sur ma veste. Il n'empêche que je n'arrive pas à me sortir de la tête l'idée que je puisse avoir oublié mes papiers d'identité, permis de conduire, carte grise, soit chez moi (mais où est-ce, ce chez moi ?), ou lorsque je me suis arrêté pour prendre un café imbuvable sur cette aire d'autoroute, lorsqu'un des quatre gaillards en uniforme de l'administration pénitentiaire se mit à décrire avec précision une jeune femme portant un uniforme identique, qui avait ajusté son tir du haut du mirador surplombant la cour de la prison ainsi que les alentours recouverts d'herbes jaunes, démontrant ainsi un aplomb et une présence d'esprit assez inusuelle (pensait-il), pour une personne de sexe féminin, le doigt sur la gâchette du fusil-mitrailleur soigneusement entretenu et huilé afin que l'occasion se présentant ce dernier ne vienne pas à s'enrailler, et, avec la précision d'un tireur d'élite, avait placé la cible dans la ligne de mire et n'avait pas eu pas peur de tirer. Mais la balle s'était perdue dans un tas d'herbes sèches, là où il aurait pu y avoir un homme en train de courir malgré une blessure au poumon gauche, et l'envol des étourneaux qu'aucune déflagration n'avait provoqué au-dessus de la plaine ocre-jaune en ce début d'automne.

J'appuie alors sur l'accélérateur pour rejoindre la prochaine aire à quarante-sept kilomètres de la prison où m'attend ce café pour lequel j'ai une envie irrépressible que ne justifie en rien sa médiocre et prévisible qualité. L'autoroute, maintenant nettoyée d'un surplus de végétation envahissant ses berges, continue le découpage d'un paysage de nouveau réuni en une conformité banale qu'accompagne le bruit d'un moteur diesel mal réglé.

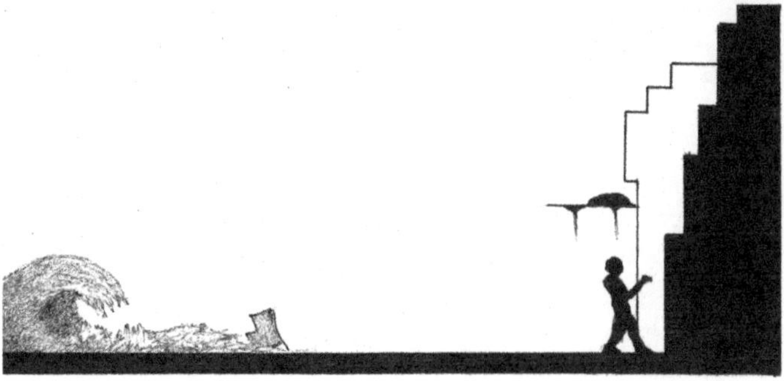

L'APPARTEMENT

Mon appartement est de mauvaise humeur.

Je ne pense pas pour autant en être la cause. Rien que je puisse avoir dit ou fait ne peut justifier cet état. Il arrive que ce genre de choses se produise occasionnellement sans qu'il faille nécessairement y faire attention, à condition, bien sûr, que cela ne se reproduise pas trop souvent, ou ne dure pas trop longtemps. Mais cette fois-ci cela semble ne pas vouloir cesser.

Mon appartement n'est plus très jeune, bien qu'on ne puisse pas le cataloguer d'ancien, (auquel cas on pourrait lui accorder une certaine déférence,) mais il conserve malgré tout un certain charme. Joliment tourné vers le sud-est, il reçoit le soleil le matin à condition que la situation météorologique soit favorable, et seulement en été, ce qui effectivement prédispose à des variations compréhensibles de son humeur au cours de l'année. N'étant situé qu'au second étage d'un immeuble qui en compte huit, il est inévitable que les étages supérieurs le contemplent de haut. Je n'en fais pas un drame mais lui, si. Il a du mal à comprendre qu'on ne s'élève pas facilement dans la hiérarchie immobilière, qu'il faut pour cela des dispositions particulières et tout d'abord être né là où il faut. De là à m'en vouloir, il n'y a qu'un pas qu'il ne manque pas de franchir.

Lorsque cela se produit il devient très difficile de le raisonner. Le ménage à fond, le nettoyage des carreaux, l'ouverture en grand des fenêtres, rien ne parvient à adoucir son humeur au-delà de quelques minutes. Même la promesse d'une nouvelle couche de peinture, (promesse que j'aurais du mal à tenir vu mes faibles moyens et les prix astronomiques que réclament les artisans,) ne saurait aboutir à une quelconque amélioration. Alors j'attends une embellie toute aussi imprévisible qu'un changement dans le ciel annonçant une éclaircie et la fin de la pluie.

Je ne sais plus où me tenir, du petit salon à la chambre à coucher, (petite elle aussi,) je fais face à la même mine renfrognée, et je ne parle même pas de la cuisine.

L'entrée qui ne paye pas de mine non plus en profite pour me faire la tête et partout un lourd silence s'oppose à mes rares tentatives de dialogue, ou bien celles-ci ne reçoivent qu'une réponse cinglante, sarcastique et vexante.

Face à cette situation, je n'ai pas d'autres choix que de me résigner, rien ne sortirait de bon si j'élevais le ton et me livrais à des reproches, bien que ceux-ci soient le plus souvent justifiés. Cela ne servirait à rien, j'en ai fait maintes fois l'expérience.

Je sais que derrière cette attitude il y a une douleur, une frustration, un ensemble de déceptions accumulées au cours des années et qui ne disparaîtront pas par miracle du jour au lendemain. Les reconnaître ne suffit pas, elles sont si bien collées aux murs, aux fenêtres et jusqu'aux plafonds qu'aucun produit ménager ne saurait les détacher.

Je sais, on me l'a dit et redit, il y a toujours des malentendus, des incompréhensions, et, comme au sein de tous les couples, il faut faire des compromis, savoir écouter l'autre et se mettre à sa place. Mais comment voulez-vous faire, avec un appartement? Comment peut-on imaginer se mettre à la place de son propre appartement?

Alors je passe la plupart du temps à l'extérieur et ne rentre chez moi qu'à la tombée de la nuit, même quand errer dans le rues revient à s'exposer à des dangers inévitables.

Le matin en revanche, un sentiment de soulagement m'accueille avec les premières lueurs de l'aube. Le simple fait de marcher sans rencontrer immédiatement un mur et être obligé de faire volte-face avec pour seule perspective le mur d'en face me redonne un peu de courage.

Mais ai-je le droit de me plaindre quand je vois le nombre de gens à la recherche d'appartements qui leur conviennent, ou ceux, qui, par un choix malheureux, ont dû se séparer d'un endroit auquel ils n'ont pu s'habituer, malgré l'enthousiasme des premiers mois de cohabitation ?

C'est un plaisir de se promener dans les rues, à condition de savoir que l'on peut à tout instant retourner dans l'appartement qui vous a choisi entre tous, de croiser tant de monde, de partager avec eux le plaisir d'avoir un chez soi, d'en faire la description minutieuse ou de découvrir dans un regard l'envie que cette description provoque. Il est bien sûr difficile de ne pas en faire une représentation trop élogieuse au risque d'être contraint d'en accepter la visite, ce qui nécessairement provoque un malaise entre le visiteur déçu et l'appartement lui-même. J'ai malheureusement subi une fois le spectacle d'une vive altercation entre une jeune femme (que j'avais invitée avec des intentions tout autre) et mon appartement, qui s'est terminée par l'expulsion de cette dernière. Il faut dire que mon appartement est particulièrement difficile en ce qui concerne le choix que je fais de mes amis, et particulièrement de mes amies. Mais des amies en ai-je vraiment jamais eu ?

Une, entre autres, m'était venue avec un appartement au cinquième étage, mais ça n'avait pas collé, au bout de quelques mois elle s'était si bien entendue avec l'appartement qu'ils avaient tous deux conspiré à me faire partir et m'obliger à descendre un étage plus bas. Ce fut le début de ma dégringolade jusqu'au deuxième où je me trouve à présent, (je vous passe les détails sur les étages intermédiaires, c'est à chaque fois la même histoire,) et cela, sans même pouvoir prétendre que je puisse y rester bien longtemps.

Mon appartement se trouve dans un immeuble sur une hauteur éloignée du centre. Il possède le privilège contestable d'une vue imprenable sur la laideur de la ville. Au loin, il y a la mer grise perdue dans la brume, et, avant elle, des quartiers résidentiels dont les immeubles de hauteurs décroissantes semblent vouloir se perdre sous une autoroute qui surplombe la ville et l'ignore, permettant aux véhicules de ne pas s'y salir les pattes et de s'en éloigner le plus vite possible.

Au-delà, le port et ses activités chimiques participent à l'effacement du ciel derrière un écran permanent de fumée.

Je dis « mon » appartement, parce que tout le monde utilise cet adjectif possessif, c'est une façon de se donner de l'importance. Mais quand on rentre chez soi, l'importance a fichu le camp. On dit aussi : « chez soi », tout le monde le dit, mais une fois « chez soi » on a le sentiment d'être traité comme un visiteur dont on veut se débarrasser le plus vite possible. Et tout le monde dit des choses, (et moi le premier sans doute,) dans le seul but de ne pas voir la réalité telle qu'elle est, ce qui revient à dire qu'on est rarement bien quand on est chez soi, à ne pas penser tout haut à ce que l'on pense tout bas et à ne jamais dire ce que l'on pense tout court.

J'ai remarqué combien il était malvenu de parler de l'endroit où l'on habite d'une autre manière. Je connais des histoires où des gens imprudents on dit des choses désagréables à propos de leur appartement, et l'ont payé bien cher. Par exemple, si vous dites « je rentre dans l'appartement où je suis censé habiter, temporairement, mais où je ne retrouve aucun signe indiquant d'une façon indiscutable que c'est bien le lieu qui me correspond parfaitement, et que je ne peux jamais dire qu'il est une extension naturelle de ma personnalité » ; si vous dites cela, votre interlocuteur aura tourné les talons bien avant que vous finissiez votre phrase, et il se pourrait que vous soyez obligé de descendre du huitième étage, et sans vous arrêter, (ne serait-ce que pour respirer,) jusqu'à la cave.

Il en est des rues comme des appartements, certaines vous font comprendre qu'elles ne veulent pas de vous, les grandes surtout, qui vous rejettent vers les ruelles, les impasses ou les passages anonymes entre les immeubles, là où l'on dispose les poubelles et où l'on abandonne les vieilles machines à laver et les matelas usés.

Ces grandes avenues dénuées d'arbres et bordées d'immeubles trop grands ne sont pas faits pour votre taille, et l'idée qu'on puisse avoir à passer d'un côté à l'autre vous plonge dans une angoisse tout à fait justifiée. Vous souhaiteriez pouvoir vous excuser de n'être pas à la hauteur mais rien ni personne n'est là pour vous entendre.

Alors vous cherchez refuge dans les coins sombres.

Certains soirs, quand la situation devient intenable, je quitte l'appartement avec la plus grande discrétion. J'erre dans les rues une bonne partie de la nuit et ne rentre que lorsque l'aube survient et que je suis transi de froid. Quelquefois, je rejoins un petit groupe de personnes qui vivent dans des abris faits de morceaux de carton, de planches ou de couvertures tendues sur des cordes à linge, cachés entre les piliers qui soutiennent l'autoroute.

Ce passage qui relie les deux parties de la ville et que l'autoroute sépare symboliquement, a mauvaise réputation et c'est pourtant là que je me sens le plus à l'aise.

J'achète une bouteille de vodka et une pizza congelée et avec les hôtes de ce campement, nous passons la soirée à boire et à manger autour d'un feu de vieilles palettes et de détritus de toutes sortes.

Je ne parle pas de mon appartement. Ces personnes, (j'ai fini par connaître leurs prénoms au hasard des maigres conversations,) n'en ont pas vu depuis longtemps et n'ont même plus ni l'espoir, ni même le désir d'en retrouver un.

Je trouve là une place où dormir, couché sur un matelas de carton, bercé par le bruit des voitures au-dessus de nos têtes.

Il n'est pas rare que je me réveille contre un corps, en général celui d'Anna Belle (ainsi nommée par dérision parce qu'elle ne l'est point,) qui vient chercher contre moi ; non pas un quelconque réconfort mais la chaleur d'un corps, quand le feu s'est depuis longtemps éteint, que l'aube pointe son nez et que la température semble avoir baissé d'un seul coup. Je me réveille alors lourd des rêves qui se sont empilés pendant la nuit comme autant de livres, et dont je ne garde que de vagues mais agréables souvenirs. Jamais je ne rêve quand je dors dans l'appartement, comme si les rêves n'étaient pas autorisés à y entrer.

Je me suis fait à ces personnes comme elles se sont faites à moi, il n'y a entre nous ni amour ni amitié, pas plus que de haine ou de méfiance ; seulement la compréhension de nos destins parallèles. Aucune question n'est posée, aucune demande non plus, personne d'ailleurs, n'en attendrait une réponse. Je ne suis pour eux qu'un élément de plus dans leur environnement. Pour ceux qui ne possèdent rien, rien n'arrive qui puisse altérer le cours de leur vie.

Une fois la bouteille d'alcool posée sur la palette qui nous sert de table, seul liquide capable de dissoudre les différences sociales, nous sommes à égalité.

Mais voilà que ce soir, la clé (je n'ose plus dire « ma clé »), ne rentre plus dans la serrure de la porte (je n'ose guère plus dire de « mon appartement »), la serrure a été changée, cela ne fait aucun doute.

Il est inutile d'argumenter ou de geindre, ce serait subir une humiliation de plus.

Je descends les rues étroites qui vont vers le port avec une bouteille de vodka et une pizza qui décongèle doucement dans sa boîte en carton. Lorsque j'arrive sous l'autoroute, il ne reste plus que les traces du campement, des couvertures déchirées, quelques vêtements jetés à terre et l'odeur acide d'un gaz qui irrite les yeux.

Ils sont partis ou ont été emmenés, sans laisser d'adresse bien sûr. Il aurait fallu pour cela qu'ils en aient eu une.

Je n'aurai personne avec qui partager ce dîner.

Je laisse la bouteille et la pizza au milieu des ruines du campement, comme s'il était possible qu'ils reviennent ou qu'un autre groupe vienne occuper les lieux, tout en sachant qu'il n'en sera rien, et je continue mon chemin de l'autre côté de l'autoroute vers la mer.

Il fait nuit. La plage est faite de cailloux, de blocs de ciment, d'algues sèches, de tessons de bouteille, de vieux sacs en plastique, de traces de mazout, tout ce que la mer vomit à chaque marée. C'est ainsi qu'elle se présentait à la lumière du jour, mais maintenant je ne vois qu'une étendue noire comme de l'encre, bordée de blanc dans la retombée des vagues. Il y a un vieux fauteuil en osier abandonné par une mer lassée de le porter d'un bout à l'autre de la plage.

Ce vieux fauteuil m'appelle et m'attend.

Je ne me souviens pas que l'on m'ait jamais attendu.

Je m'assois, enveloppé d'une couverture ramassée parmi les restes du campement, j'ai froid, et le froid m'endort. Je rêve que la marée nous emporte,

le fauteuil et moi, au sommet des vagues, vers un pays dont je ne me soucie ni du nom, ni de l'emplacement sur une carte.

L'aube me réveille sans égards. Je m'habitue au froid comme on s'habitue à un vêtement qui ne vous appartient pas. Je m'étonne d'être encore là, de ne pas être déjà en mouvement.

Une brume bleutée descend du ciel et se pose sur l'horizon.

La mer est étale et le léger clapot des vagues se distingue nettement des bruits de la ville.

La mer rejette sur la plage ce qui la dérange, et la ville ne fait pas autre chose en se débarrassant de moi. La plage n'appartient ni à l'une ni à l'autre.

La mer signe d'un trait d'écume la ligne fluctuante de la fin du monde.

La lumière de l'aube marque la fin abrupte d'un voyage, quand la promesse d'un paysage à découvrir au-delà de l'horizon n'est pas tenue. Il est trop tard, il fallait partir avant que la nuit ne s'achève.

Dans mon dos, la ville s'est éteinte et s'est retirée. Je n'ai pas besoin de me retourner pour le savoir, et c'est sans doute, à ce moment, le seul savoir qu'il me reste. Je n'ai plus à dire ce qui est à moi ou ce qui ne l'est pas, pas même à propos du fauteuil au creux duquel je me fais tout petit et que je n'ai aucunement l'intention de quitter.

Mon regard ne se détache plus d'un certain point sur l'horizon qui apparaît et disparaît au gré de cette brume que le vent déplace. Tout semble tourner autour de ce point avec des lenteurs variables, à la manière d'une image sans cesse renouvelée dans un kaléidoscope.

Le temps file comme il peut et cependant je demeure en retrait, il peut bien filer sans moi.

Les mots qui semblaient se déverser dans ma tête et vouloir expliquer le monde se font rares ; ceux qui me restent ne sont plus attachés les uns aux autres et ne se reconnaissent plus. Alors, face à la mer, je sens que le temps est venu de laisser les mots rouler sur le sable comme les galets qui vont et viennent avec les vagues, les mots, éternels enfants.

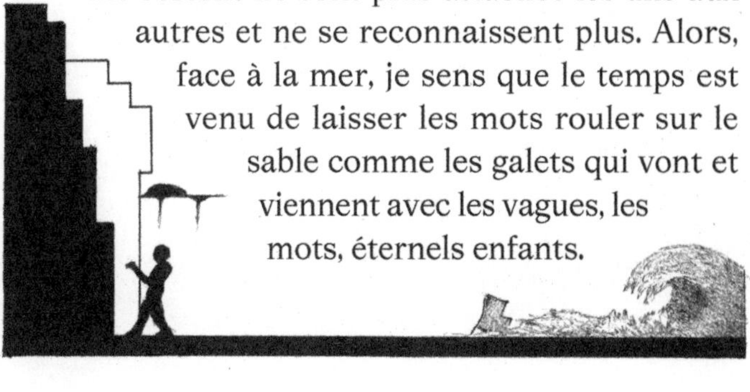

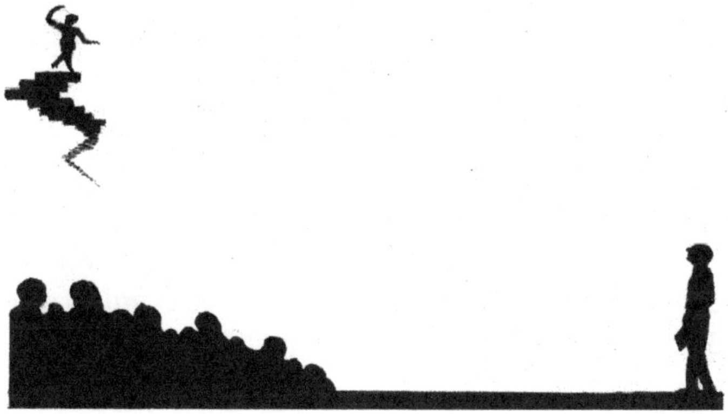

LE PROFESSEUR

Pour accéder aux rayons les plus hauts de la bibliothèque, il aurait eu besoin d'une grande échelle, mais il n'en avait aucun besoin, puisqu'il connaissait tous les livres qui s'y trouvaient, et que leur contenu lui était somme toute indifférent. Il en était de même pour tous les livres, y compris ceux qui étaient à portée de main, étant donné qu'au cours des années précédentes, il était celui qui les avait rassemblés, les avait rangés dans l'ordre qui lui convenait, selon des critères bien particuliers et une logique toute personnelle, logique difficile à saisir, à l'image de la pensée labyrinthique qui régnait en ces lieux, comme sur les personnes qui en avaient l'usage.

À moins de dresser un parallèle entre le spectacle de livres frileusement serrés sur de nombreuses étagères qui allaient en s'écrasant les unes sur les autres depuis le sol, en traversant à mi-chemin une zone éclairée par une lumière poussiéreuse venue d'une fenêtre étroite et jusqu'en haut des murs qui dans l'ombre ne se distinguaient plus du plafond où l'on aurait aimé discerner une fresque représentant, par exemple, une allégorie de la connaissance, ou la figure de Polumnia, muse de l'éloquence. Mais non, il n'y avait là-haut rien à voir qu'un trou noir, au point que l'on pouvait croire que les lignes verticales de l'ensemble s'incurvaient, (à la manière des parallèles dans un système non-euclidien,) pour se joindre et se fondre dans l'obscurité, en redessinant l'espace à l'image d'une coquille Saint-Jacques, au milieu de laquelle le professeur occuperait la place qui était celle d'Aphrodite dans le tableau de Botticelli, bien que décidément, il ne lui ressemblait en rien, bien au contraire ; un parallèle donc, entre les étagères pleines de livres et des couches de roches sédimentaires accumulées au cours des différentes ères géologiques et bouleversées par de nombreux évènements tectoniques tels que l'on en trouve en forêt Palatine, (parallèle bizarre soit dit en passant,) on ne pouvait donc pas voir autre chose, en cette bibliothèque, qu'un monument immobile et dédaigneux, un mur inébranlable, imbu d'une immortalité qui, à bien y regarder, était tout à fait contestable.

Il aurait suffi pourtant de déplacer un livre, un seul, de l'arracher de ce mur en apparence invincible pour que tout l'édifice s'écroula, non pas physiquement, mais dans l'esprit de celui qui l'avait conçu, comme dans l'esprit de ceux dont le professeur assurait l'enseignement.

Le professeur ne ressentait plus aucune fierté à l'égard de sa bibliothèque, sa création, pas plus que la bibliothèque ne ressentait quoi que ce soit pour son créateur, ce qui était normal, car il existait maintenant une telle identification de l'un avec l'autre, qu'il semblait aussi facile, (ou tout aussi difficile) de communiquer avec l'un comme avec l'autre. Malgré cela, il était impossible de se faire une idée précise de la taille de la bibliothèque et la première fois (et la dernière), où je rendis visite au professeur, celle-ci me parut bien plus petite que ce à quoi je m'attendais. En ce cas précis, tout était question d'échelle, le professeur qui, en chair, paraissait de petite taille, avait, une fois assis derrière son bureau, une allure bien plus imposante, comme s'il lui fallait coûte que coûte dominer la bibliothèque, son œuvre, sa création. Il se pouvait aussi qu'ayant la partie inférieure du corps en proportion bien plus petite que la partie supérieure, il parut bien plus grand assis, que lorsqu'il donnait ses cours, debout, derrière son pupitre.

Dans notre université, la personnalité du professeur importe peu, ce qui incite les étudiants à venir s'y inscrire, c'est la qualité et la quantité des connaissances contenues dans les milliers de volumes qui s'alignent sur les rayons de ces bibliothèques ; mais rares sont ceux qui, même à la fin de leurs études, et ayant réussi tous les nombreux examens placés sur leur parcours comme autant d'embûches, sont admis en présence de ces dites bibliothèques.

Il faut souligner qu'une grande partie de l'enseignement dispensé dans cette université repose sur l'existence des bibliothèques, même si les étudiants n'y ont jamais accès, car les efforts qu'on leur impose consistent à deviner, (et en ça les professeurs se gardent bien de ne pas leur donner trop d'indications,) quels sont les ouvrages auxquels le dit professeur fait référence pendant les cours, et qui doivent à ce titre être les seuls guides des travaux de l'étudiant, l'idéal étant de reproduire sinon l'intégralité des textes invoqués, mais pour le moins en donner une reproduction la plus exacte possible. Il arrive même que, pour décourager les étudiants les moins motivés, le professeur évoque un ou plusieurs ouvrages qui n'existent pas, laissant les infortunés errer dans des recherches sans fin. Il est également demandé à l'étudiant de référencer les dits ouvrages dans l'ordre exacte où le professeur les a placés dans sa bibliothèque selon la logique qui lui était propre au moment où il l'a créée, et que l'étudiant est requis de découvrir par ses propres moyens. Mais tout cela est bien connu, l'université doit à ces principes pédagogiques la grande réputation qui est la sienne, et nous n'y reviendrons pas.

Je venais de finir les huit années d'études requises non sans avoir surmonté toutes les épreuves avec succès de sorte que mon avenir était à la fois parfaitement tracé mais paradoxalement difficile à percevoir, paraissant alors noyé dans une brume où toutes formes se dérobaient au regard que je cherchais à poser sur elles, pour réapparaître ailleurs, plus tard, là où je ne les attendais pas. Mais c'est un fait que l'idée que l'on se fait du futur qui, dit-on, nous est réservé, se trouve entachée de l'image même que l'on conserve du passé, et finit par se révéler au mieux sous la forme d'une boutade, d'une plaisanterie, d'une farce, au pire, d'une arnaque. Si je n'en étais pas à ce moment convaincu, la suite allait prouver le bien-fondé de la présente affirmation.

Une carrière à l'université, comme celle de celui qui m'avait dispensé son enseignement et pour laquelle je pensais avoir acquis les compétences nécessaires, ne pouvait pas ne pas m'être attribuée. La convocation à venir me présenter devant le professeur, et cela dans son bureau où se situait sa fameuse bibliothèque, était donc la première étape d'un chemin qui devait me conduire à la vie professionnelle à laquelle j'étais destiné selon la seule image du futur qu'il m'était alors possible d'envisager.

J'attendais sur le seuil un geste du professeur m'invitant à m'approcher de son bureau. Mais celui-ci ne se décidant pas à faire cas de ma présence, il me vint à l'esprit qu'il n'était plus nécessaire de montrer de la déférence à l'égard de quelqu'un qui ne pouvait plus influencer le cours de mes études, celles-ci étant terminées. Je profitai donc de cette intuition, (chose qu'il m'eut été impossible de concevoir au cours des huit années précédentes,) pour franchir la distance considérable qui, (au moins symboliquement,) me séparait de lui.

La stature du professeur, qui auparavant me semblait imposante par rapport à celle de la bibliothèque, semblait rapetisser à chacun de mes pas, et cette dernière devenir gigantesque. Cette inversion eut pour effet de renverser également l'idée que je me faisais quelques instants auparavant, de mon avenir.

Revenons malgré tout quelques instants en arrière : le professeur est parfaitement conscient de la présence de cet élève qui pendant huit ans a suivi ses cours avec un acharnement remarquable, déjoué les nombreux pièges semés sur son passage et destinés à lui signifier à quel point il était indigne de l'enseignement qu'on lui prodiguait. Il est bien obligé de reconnaître que ce gamin a fait preuve de certaines qualités, mais la démonstration qu'il n'a cessée d'en faire a souvent frisé l'arrogance et aurait mérité d'être confrontée. L'occasion ne s'en est malheureusement pas présentée et il le regrette. Maintenant qu'il le voit s'avancer sans qu'on lui ait montré le moindre signe comme quoi il était autorisé à le faire, le conforte dans l'opinion défavorable qu'il avait déjà de lui.

Il avait l'intention de lui tenir un discours, le même qu'il tenait à chaque fois qu'il acceptait de recevoir un étudiant en fin d'études, discours sur la difficulté immense pour ne pas dire quasi insurmontable que rencontrerait ce dernier dans la constitution de sa propre bibliothèque, condition indispensable à l'obtention du moindre poste dans l'enseignement, et qu'il ne s'agissait pas seulement d'acquérir des livres et de les ranger n'importe comment sur les étagères, mais qu'il fallait prendre un soin extrême dans le choix de ces livres, différents bien sûr, de ceux choisis par ses collègues, mais néanmoins identiques en ce qui concernait leur contenu, contenu agréé bien entendu par l'université, puis, les ranger selon une méthode dont la logique authentiquement personnelle ne devait surtout pas être immédiatement perceptible au premier venu ; tâches difficiles qui demandaient de nombreuses années de persévérance et d'obstination, que seul un petit nombre d'élèves, parmi les plus brillants, parvenait à mener à terme.

À sa grande stupéfaction, il ne put tenir ce discours quand le jeune homme lui déclara sans attendre qu'on lui donne la parole, qu'il ne voulait pour rien au monde entrer dans une profession qu'il considérait comme dénuée d'intérêt, tant pour lui que pour le reste de la société...

S'en suivit ce que le professeur prit pour un déluge de propos confus et dénués de sens où il était question, entre autres balivernes, de révolution et Dieu sait quoi encore.

Sitôt fini sa péroraison, le jeune homme tourna alors les talons et partit se perdre dans les couloirs de l'université.

Le professeur n'en eut pas été plus abasourdi si tous les livres de la bibliothèque lui étaient tombés sur la tête.

Je ne corrobore pas cette version des faits, bien que le souvenir de cette visite me soit en grande partie sortie de la tête.

Il est bien probable que je lui ai fait part du peu d'estime que j'avais pour la profession dont il était l'incarnation même, ainsi que de ma décision de rejoindre les forces révolutionnaires qui, nécessité historique oblige, allaient, sans que le moindre doute soit permis, renverser l'ordre actuel. S'il en fut surpris, je le fus de même, n'ayant jamais pensé auparavant à ce genre de choses, ignorant complètement l'existence des forces auxquelles je faisais allusion, et, au cas où elles eussent existé, quelles en auraient été les intentions. Ce discours m'était venu sans aucune préméditation, il m'était sorti de la gorge, des poumons et du ventre, bien plus que de la tête.

Mais ce n'est pas mon histoire dont il s'agit ici, tout aussi passionnante qu'elle puisse être, mais celle du professeur, assis derrière son bureau qui peine à se remettre de la stupéfaction provoquée par mes propos ainsi que par mon comportement inattendu.

Il se retourne, rien n'a changé dans la bibliothèque où les livres sont toujours à leur place. Il avait pourtant senti pendant l'interminable discours de l'étudiant, dans son dos, une ombre, un souffle, une poussière, quelque chose qui se faufilait entre lui et la bibliothèque, comme une provocation, une insulte. Mais non, tout est comme il faut qu'il soit, l'étudiant est parti se perdre dans les couloirs de l'université (ils sont nombreux, et il est vrai que l'on pourrait bien s'y perdre).

Ce qui vient de se passer n'a en rien l'importance que cet incident semble vouloir se donner. Ce n'était rien, une petite anicroche dans la fabrique du temps, un cheveu à la surface de la soupe que l'on repêche délicatement, dont on se débarrasse discrètement et qu'on oublie aussitôt pour retrouver le goût de la soupe du soir, ce même goût de soupe qu'elle avait la veille, et les autres avant elle, un rien, un cheveu, juste une petite anicroche passagère.

Le vent, à peine une brise, probablement un petit courant d'air est maintenant retombé. Il ne pense plus à l'étudiant. Il n'a d'ailleurs aucune raison d'en garder le souvenir. Un autre, qui lui ressemblera, (ils se ressemblent tous) prendra sa place et il n'y a pas lieu d'en faire toute une histoire ; d'ailleurs, à ce propos, un petit point d'histoire : l'Histoire, la grande Histoire, avec un grand H, avait depuis quelques temps touché à sa fin. (Quelqu'un l'avait annoncé auparavant, bien avant qu'elle ne se termine.) La science en avait fait de même, on avait cessé de faire des découvertes parce qu'on avait découvert tout ce qu'il y avait à découvrir. La situation d'alors devint la situation de toujours, l'avenir était connu même s'il était difficile à discerner et d'y trouver un sens. Il était également convenu que rechercher un sens quel qu'il soit, n'avait pas de sens non plus.

Les riches continueraient à se plaindre de n'être pas assez riches, et les pauvres de se satisfaire de ne pas l'être encore plus. Cela contentait tout le monde, l'on n'avait plus peur de ce qui allait arriver puisque plus rien ne pouvait plus arriver. C'est une affaire connue, nous n'y reviendrons pas.

Néanmoins, il y avait tout de même quelque chose qui clochait, même si tout semblait être revenu à sa place une fois l'étudiant disparu dans un des nombreux couloirs de l'université ; ce dernier avait laissé une trace invisible mais tout de même discernable, comme si l'espace qu'il avait occupé dans la pièce avant de sortir n'avait pas été aussitôt remplacé par l'air qu'il avait déplacé en entrant. Il restait une bulle de vide particulièrement désagréable qu'on ne pouvait pas ignorer, d'autant plus que cette absence de quelque chose sans contour défini semblait se déplacer, contourner le bureau derrière lequel le professeur était assis et se rapprocher dangereusement de la bibliothèque.

Ne pas bouger, garder les yeux fixés sur la porte que l'étudiant n'avait pas pris soin de refermer. Il n'y avait aucune raison d'agir, il n'y a jamais aucune raison d'agir puisqu'il ne se passe jamais rien qui ne soit déjà advenu auparavant et sans que les causes ainsi que les conséquences n'en soient parfaitement connues, le professeur en convenait, il n'existait pas d'autre conduite à tenir. D'ailleurs il n'était pas rare que des bulles vides se promènent librement sans que cela n'affecte quoi que ce soit, il suffisait de les ignorer. Mais le professeur ne put s'empêcher de se retourner, ce qui provoqua un léger craquement au niveau des vertèbres cervicales et une douleur passagère à la base du crâne, choses auxquelles il n'était guère accoutumé. Rassuré de ne rien voir d'inhabituel dans l'espace qui séparait le dossier de son fauteuil du mur de livres, il reprit la position qu'il occupait précédemment avec toutes les précautions nécessaires pour ne pas reproduire le frottement désagréable qu'une vertèbre déplacée par rapport à une autre pouvait occasionner.

Il n'en resta pas moins une perturbation assez radicale sur la toile pourtant assez simple et apparemment solide dont le tissage était fait de l'ensemble des règles et des habitudes régissant la conduite quotidienne ainsi que l'emploi du temps auquel il s'était volontairement soumis : ses heures assis à son bureau, la courte distance qu'il avait à parcourir dans le couloir la tête baissée et le visage crispé de celui qui doit affronter une épreuve jusqu'à l'amphithéâtre où avaient lieu les longues heures de cours pendant lesquelles rien n'était laissé au hasard ou à l'improvisation, dans la répétition immuable et programmée conforme à un enseignement à juste titre appelé supérieur. Quant à sa vie privée, si tant est qu'il en eut une, et par respect pour celle-ci, nous ne serons pas à même d'en parler.

Cette petite perturbation qui en aucun cas n'aurait dû troubler en quoi que ce soit l'ordre des choses amena le professeur à plonger la tête la première dans l'abime insondable qu'était sa vie, et que recouvrait la toile tissée de ses habitudes, dont la maille était si serrée qu'on ne pouvait y voir d'ordinaire qu'une surface lisse, mais qui, une fois déchirée, perdit son apparence douce et soyeuse.

C'est à ce moment précis, que l'Histoire, (qui à force d'avoir été compressée en avait été réduite à n'être qu'un point infiniment petit mais extrêmement dense si bien qu'aucun événement ne pouvait plus en sortir,) se mit à enfler démesurément, et finit par éclater, balayant tout sur son passage, repoussant les murs et les aplatissant au sol, si bien que le professeur se retrouva au milieu d'un espace parfaitement vide, plus vide encore qu'un désert de sable rouge où ne s'accrochent que de rares épineux, quelques herbes sèches couchées par le vent brûlant, et où la vie doit faire face à des obstacles insurmontables, tel qu'on peut se le représenter à la lecture de récits de voyage. (Ou à la vue des illustrations d'un des nombreux livres de la bibliothèque.)

Il est impossible de dire si le professeur se livra à une pareille comparaison entre l'espace, (espace ouvert par rapport au bureau tel qu'il avait été et en même temps totalement fermé puisqu'il n'offrait plus rien au regard,) et la description du désert faite précédemment. Le professeur semblait ne rien voir, peut-être même avait-il les yeux fermés.

Il ne restait plus de son bureau que ce fauteuil, (il est à noter également qu'il se trouvait en suspension quelques centimètres au-dessus du dit fauteuil, on se demande bien pourquoi, mais ce ne fut pas alors la chose la plus remarquable,) et la bibliothèque qui perdait ses livres, et les livres qui perdaient leurs pages noircies par le temps et la mauvaise qualité du papier blanchi à l'acide, (en tout cas ceux imprimés dans la première moitié du vingtième siècle) pages qui s'envolaient en piaillant comme lors d'un vol d'étourneaux.

S'il s'était trouvé une personne présente à ce moment précis et que cette dernière eut la présence d'esprit de prendre note de ce dont elle aurait été témoin, (mais en utilisant cependant le temps présent,) voici ce que cela aurait pu donner :

« Le sujet est complétement immobile, les yeux ouverts mais sans la moindre indication que le sujet fixe un point particulier situé devant lui. La respiration du sujet est à peine perceptible mais ne présente aucun signe de dyspnée ou d'un malaise cardio-vasculaire. Le sujet semble ne pas entendre ou ne pas être en mesure de réagir aux interpellations. Cet état de catalepsie ne s'accompagne d'aucun signe de malaise ou de pathologie identifiable. Par ailleurs, rien ne permet d'expliquer la position qu'il occupe en élévation au-dessus du fauteuil, défiant ainsi, bien que légèrement, les lois de la gravité. »

Quant au professeur, que pouvait-il bien se passer à l'intérieur de son crâne ? On aurait pu imaginer une tempête souffler le vent brûlant de l'introspection, ou bien au contraire le calme glacé de la méditation, mais seule une immense empathie aurait été à même de forcer le verrou qui condamnait à quiconque l'accès au cerveau du professeur, or ce dernier n'était pas homme à générer ce genre de sentiments, et nul ne savait s'il eut été lui-même capable d'en avoir de semblables pour autrui.

On ne le connaissait que comme l'auteur d'une thèse célèbre sur l'art de classer les bibliothèques, thèse que peu de gens avaient lue jusqu'au bout, du fait de son nombre de pages bien supérieur à ce qu'on était en droit d'attendre d'un travail de ce genre. Contrairement aux systèmes de Dewey (1876), Boursier (1895), ou de La Fontaine ainsi qu'Otlet, (qu'il critique abondamment,) il excluait les sous-classifications habituelles et mettait au point ce qu'il appela dans un ouvrage ultérieur, « la théorie du nuage », inspirée des lois de la statistique où il examinait la distribution aléatoire des livres lorsque le rangement de ceux-ci était livré au hasard. Ce dernier reçut un accueil mitigé de la part de ses collègues, qui eurent beaucoup de mal à saisir la relation que le professeur chercha à établir entre la répartition des molécules d'eau au sein d'un nuage et celle des livres dans une bibliothèque. Moi-même, j'avoue avoir peiné à aller jusqu'au bout du premier chapitre tant les démonstrations de ses théories étaient difficiles à suivre. Mais lorsque je vis comment les livres se comportèrent par la suite, (et la métaphore du nuage d'étourneaux prenant possession du sommet d'un arbre au milieu d'une place de village un soir d'été n'est sans doute pas éloignée de ce que le professeur avait voulu dire,) alors le contenu de ses travaux me revint en mémoire.

Ce changement radical affectant le bureau du professeur passa malgré tout inaperçu, chacun ayant ce jour-là d'autres préoccupations.

Le professeur resta ainsi, immobile, muet, jours après jours, malgré les efforts du personnel de l'université pour le sortir de cet état inhabituel. Les étudiants venaient parfois le voir en état de lévitation (bien que la distance qui séparait son postérieur de l'assise du fauteuil était à vrai dire difficile à distinguer à l'œil nu), et si ces événements ne l'avaient pas rendu célèbre, il était tout au moins devenu un objet de curiosité.

Faute de s'alimenter, il maigrit, se rabougrit, puis disparu totalement. Oublié, il sortit de l'Histoire, en attente de jours où de nouveaux événements viendraient le rappeler à notre attention.

Il est parfois difficile de relier certains effets aux causes qui les ont engendrées, au point que celles-ci peuvent être prises pour ceux-là, ou pire encore, les uns comme les autres n'apparaître que comme le résultat de coïncidences fortuites. Néanmoins l'extraordinaire expérience qui affecta le professeur dans son bureau put à juste titre passer pour une des causes possibles, (mais tout aussi bien pour une des conséquences) d'une transformation profonde, sinon immédiate qui affecta tout l'établissement universitaire dont il n'était qu'un des professeurs parmi bien d'autres.

Tout dans cet établissement avait comme fondement la croyance simple mais apparemment justifiée que tout ordre reposait sur l'assurance d'une pérennité du savoir rendu possible par une sorte de congélation profonde dont les bibliothèques professorales assuraient la température adéquate, et que le rôle unique de l'université et de son corps enseignant, comme celui de l'ensemble des étudiants eux-mêmes, ne consistait qu'à en assurer la préservation. En fin de compte, ce qui provoqua cette subite décongélation, nul n'en découvrit vraiment la cause.

Un autre événement eut lieu sans que l'on puisse déterminer s'il avait précédé ou suivi l'élévation du professeur au-dessus de sa chaise, événement qui malheureusement n'eut pas de témoin direct, et qui, de ce fait, passa davantage pour une image fantasmatique issue de l'imaginaire collectif plutôt que pour un fait réel, mais qui fut véhiculé de telle sorte et si rapidement, qu'il ne put échapper à qui que ce soit: sur un palier du grand escalier entre le deuxième et le troisième étage, étages où se trouvent de nombreux couloirs, (nombreux au point qu'on pourrait facilement s'y perdre,) une personne, avec ou sans musique, se mit à danser, (on évoque tout naturellement une jeune fille, mais cela aurait pu tout aussi bien être un étudiant de sexe masculin). Spectacle incongru, impensable et jusqu'alors impensé, mais qui frappa les esprits tout autant pas son incongruité que par l'élégance et la beauté des mouvements du danseur ou de la danseuse.

Un tel spectacle n'aurait en aucune manière dû être toléré, les escaliers ainsi que les couloirs n'étant là que pour qu'on puisse se rendre d'une salle de cours à un amphithéâtre de la manière la plus efficace possible sans perdre de temps à faire des pirouettes.

Vrai ou faux (comment se fait-il que je tienne pour vrai le fait qu'une jeune fille ou un jeune homme se soit réellement mis à danser sur le palier entre le deuxième et le troisième étage ? Cela est une autre histoire !), ce fait qui aurait pu passer inaperçu fut tant de fois raconté, décrit et sans doute embelli que chacun se fit une image mentale de l'événement, garçon pour les uns, fille pour les autres, images vénérées comme des icônes, symboles de vie, de liberté, de tout ce qu'on voulait, mais surtout de la destruction d'un monde dont personne n'avait auparavant envisagé l'effondrement.

Et l'on se mit à danser, dans les couloirs, les escaliers, les salles de cours et les amphithéâtres. Sarabandes, gigues ou farandoles, ou bien encore danses plus modernes, il y en eut pour tous les goûts et pour toutes les couleurs. Là où les mouvements de chacun avaient toujours eu une raison d'être, ils devinrent, aléatoires, impromptus, dictés davantage par les pulsions des corps que par les voix de la raison. La ronde, le cercle, cette forme qui ne cesse de se reproduire identique à elle-même remplaça la ligne droite, ligne qui part d'un point déterminé pour finir là où un but a été rationnellement défini. Il n'en fut pas de même pour les si nombreux couloirs qui restèrent aussi droits que possible, encore que certains crurent y déceler de légères déformations. Bien sûr, cours magistraux, travaux pratiques et examens n'eurent plus cours et tout ce qui auparavant semblait participer d'une logique bien établie fut balayé par ce vent de folie.

Ce qu'en pensa le professeur nul n'en su jamais rien, et personne même ne songea à le lui demander.

L'université, face à une situation qu'elle n'avait pas prévue, et incapable de trouver une solution à même de rétablir l'ordre, ne s'embarrassa guère de ses principes et convictions antérieurs et s'accorda facilement d'une idéologie appropriée à ces temps nouveaux, idéologie fondée sur la primauté des instincts, de l'imaginaire et de l'improvisation, (d'où une profusion de créations spontanées et éphémères, ne laissant guère de traces et encore moins de conséquences,) tout cela en totale opposition à la transmission rigide d'un savoir désormais considéré comme fossilisé et bon à mettre à la poubelle.

La réputation de l'établissement ne souffrit en rien de ce changement somme toute brutal, cela avait été le cas plusieurs fois au cours de son histoire, prouvant une fois de plus le principe selon lequel les réputations qui entourent les universités n'ont que peu de rapport avec ce qui se passe en leur intérieur.

(Je suis bien conscient que cette dernière remarque, vu son caractère excessif ne saurait s'appliquer systématiquement à tous les établissements de cet ordre mais il faut néanmoins prendre en considération le fait que les avis nets et tranchés, comme celui-ci, sont en général mieux acceptés que ceux qui à force de rappeler les nuances qui seraient nécessaires à une juste compréhension des phénomènes et se perdent dans la complexité inhérente à toutes situations similaires ne font que lasser le lecteur ou pire, finissent par rompre le fil du discours et noyer les intentions initiales du locuteur.)

Des pages entières ne pourraient suffire pour rendre compte des jours qui suivirent, ce ne fut plus que cris, chants, exclamations, chuchotements, bruissements, soupirs, un tintamarre d'émotions, un dégorgement sonore d'amour et de sentiments exaltés (au point que l'on put penser qu'il n'y avait là que du bonheur), bref, un vacarme dionysiaque avait remplacé le silence intimidant qui était auparavant la règle dans les nombreux couloirs.

L'université connut une forte augmentation des demandes d'inscription, bien au-delà des possibilités d'accueil en salle de classe, ce qui ne posa aucun problème vu qu'aucun cours n'était plus donné de toute façon. Cela amena une importante manne financière à l'institution, d'autant plus que les professeurs, autant par crainte de la pusillanimité des étudiants que par l'impossibilité de comprendre ce qui se passait et d'inventer une pédagogie conforme à la situation, disparurent discrètement les uns après les autres sans même demander le solde de leurs salaires. (Qui de toute façon n'étaient pas très élevés.)

Le président de l'université s'en frottait les mains lorsqu'une délégation des étudiants, (enfin, c'est ainsi qu'ils se présentèrent) vint lui notifier qu'il était déclaré (à l'unanimité), déchu de toutes ses fonctions et prié de quitter les lieux immédiatement.

Ainsi les semaines, les jours et les mois passèrent, de fêtes en fêtes, absorbant son flot habituel d'étudiants et les rejetant un peu au hasard quand ces derniers se lassaient de cette ribote sans fin, et cela sans que la société ne se troubla le moins du monde, comme si la fonction majeure de l'université se bornait à occuper une jeunesse encombrante qu'il fallait écarter de la vie publique tant qu'elle n'était pas suffisamment mûre pour occuper des fonctions plus sérieuses.

De toute façon, ce qui se passait à l'université restait à l'université sans que l'on trouvât à y redire, car pendant ce temps, et au-dehors, les riches continuaient à se plaindre de ne l'être pas assez et les pauvres d'être satisfaits de ne pas l'être davantage, ce qui faisait que les premiers pouvaient ne pas se sentir coupables, et les derniers afficher une empathie illimitée envers les premiers.

Moi-même, et me sentant tout de même légèrement responsable de ce qui s'était passé, (l'étais-je vraiment ?) je demeurai quelques temps encore (il faut dire qu'en quittant le bureau du professeur, mon esprit tout occupé par l'autorisation que je m'étais accordée d'un pareil geste de rébellion, je me perdis longtemps dans les couloirs, dont il faut souligner qu'ils étaient nombreux et qu'il n'était pas facile d'y retrouver son chemin). Pendant ce temps, qui me sembla infini, j'occupai une position importante dans ce qu'on appelait alors le « flux », une sorte d'administration dont la règle était que toute forme de réglementation ou d'organisation se devait d'être en perpétuel renouvellement, (comme l'eau d'une rivière,) charge somme toute assez légère qui consistait à défaire systématiquement ce qui avait été construit auparavant et faire en sorte que les constructions suivantes connaissent le même sort. L'on peut s'étonner de cette façon de faire, mais cela n'est guère dissemblable de ce qui se passait en dehors des murs de l'établissement, à ceci près que l'on n'en avait jamais, à ma connaissance, établi la doctrine, ou même reconnu l'existence.

Donc je passais des jours tranquilles, jusqu'au jour où survinrent d'étranges événements.

L'un d'entre eux passa inaperçu auprès des étudiants car les livres contenus dans les bibliothèques de l'université ne les intéressaient plus.

Ceux-ci n'étant plus sous la garde scrupuleuse des professeurs, et profitant du dégel dû à l'absence de ces derniers, ils s'échappèrent des rayonnages qui les maintenaient comme des animaux en cage, et se mêlèrent les uns aux autres, échangeant pages et chapitres, franchissant toutes les frontières séparant la fiction des essais, l'histoire de la philosophie, les ouvrages scientifiques des romans de gare, et le sérieux de l'imagination la plus folle.

Ce n'était d'ailleurs pas seulement les livres qui perdaient des pages pour en acquérir d'autres, mais des mots qui s'échappaient de leurs contextes, de manière parfois brutales, avec des conséquences surprenantes.

Il en résulta une littérature aléatoire qui a priori pouvait sembler illisible mais qui après réflexion s'avéra non seulement riche de sens mais également de possibilités infinies de renouvèlement. Des livres que l'on attribuera des années plus tard à des auteurs célèbres et que l'on pensera avoir été écrits chacun par une main unique ne furent en fait que le produit de rencontres fortuites de multiples ouvrages ayant des auteurs différents souvent très éloignés les uns des autres soit par la pensée, la géographie, soit par le temps. Certains de ces ouvrages, à tort pris au sérieux, furent à l'origine de croyances originales et même de religions nouvelles. Tout cela se fit spontanément, sans intervention humaine, et au cas où quelqu'un se fut intéressé à la question, il aurait été frappé par le spectacle des bibliothèques en constante mutation, où les livres quittaient leurs rayonnages pour en trouver d'autres et revenir chargés de pages nouvelles, acquises lors de tractations invisibles. Les livres ne pouvait plus se présenter sous une forme définitive ; d'un moment à l'autre, ils pouvaient affirmer l'opposé de ce qu'ils défendaient quelques instants auparavant, ce qui ne dérangea personne, car rares furent ceux qui pendant cette période, prirent le temps de lire un ouvrage deux ou trois fois de suite, et tout aussi rares ceux qui se donnèrent tout simplement la peine de lire.

Les bibliothèques ne connurent guère de visiteurs, malgré l'activité bruissante qui faisait penser aux vols d'étourneaux prenant possession du sommet d'un grand arbre au centre d'une place de village un soir d'été.

Mais souvenons-nous de ce que le professeur voulait dire, lorsqu'il évoquait les dangers que couraient les livres soumis à une forte pression, rangés trop serrés dans les rayonnages, à l'instar de ce qui se passe à l'intérieur d'un gaz sous pression, (cette manie qu'il avait de mêler physique et linguistique, avait souvent irrité ses propres collègues,) et du danger contre lequel il nous mettait en garde de voir survenir des modifications importantes et irréversibles de leurs contenus.

De la même manière il semble que ce qui se passait soit du côté des livres, soit du coté des étudiants, et bien qu'en apparence avec une grande indifférence des uns vis-à-vis des autres, n'était qu'une seule et même chose, l'endroit et l'envers d'une même chorégraphie dont le synchronisme assurait l'esthétique et même la raison d'être. Il faudrait pour en rendre compte, parler des deux choses simultanément, en mêlant les mots dans le désordre d'une pensée capable de saisir à la fois des choses totalement différentes au risque de ne pas se faire comprendre.

L'université vécut ainsi sur deux modes, création anarchique et enthousiaste d'objets éphémères dans le rejet absolu, ou dans l'ignorance de toute tradition d'un côté, et de l'autre, une activité chaotique de déconstruction d'un savoir archéologique, les deux modes cherchant autant à se fuir qu'à se confronter et chacun à faire le plus de bruit possible.

On vit ainsi le nuage tout bruissant de milliards de mots, perché au sommet de l'arbre en ce soir d'été, porter une ombre noire sur la place du village et faire ainsi baisser la température étouffante de l'après-midi jusqu'à un niveau acceptable.

On aimerait poser les prémisses : dresser le décor, présenter les protagonistes, décrire les ambitions et les désirs des uns et des autres, et puis mettre en place tous les éléments nécessaires à l'émergence

des événements qui vont devoir naturellement en découler, même si ceux-là ne correspondent pas exactement à ce qu'on pouvait en attendre, mais néanmoins suivre une certaine logique, chose dont on ne peut d'ailleurs prendre conscience qu'après coup, ce qui n'empêche pas que l'on puisse passer à autre chose, à ce moment précis, à un autre chose qu'il serait bien difficile de préciser, comme prendre une ligne de fuite, se laisser aller à quelques digressions, bref, faire une pause, s'octroyer des vacances, ce qui veut dire, n'être plus là, ficher le camp et laisser les choses se débrouiller toutes seules. En ce qui concerne ce qui se passait à l'université il est entendu que les principes de logique narrative échappaient à tout entendement.

Ainsi il y a trois personnages : le professeur dont on a déjà évoqué le rôle, (il n'est plus dans son bureau, mais des rumeurs circulent comme quoi on l'aurait aperçu arpenter furtivement certains couloirs, ceux situés au sous-sol, qui étaient peu fréquentés, on dit même qu'il n'avait jamais (contrairement à ses collègues) quitté le bâtiment, ni renoncé à jouer le rôle dont il avait été investi par l'institution) puis il y a la danseuse, (celle que l'on surprit sur le palier entre le second et le troisième étage) et dont j'aurais aimé faire le portrait si cela avait été possible. Mais comme toute figure emblématique, son image se déplace dans l'imaginaire, loin de son apparence réelle, tour à tour guerrière à la poitrine découverte franchissant les barricades et portant haut levé le drapeau de la

République, ou Jeanne d'Arc en armure, ou encore Judith décollant la tête d'Holopherne, figures héroïques tout imprégnées d'un érotisme intimidant.

Quelque fois je la vois parfois passer le pied léger, toujours en mouvement, traversant rapidement les foules qu'elle semble entraîner à sa suite. Elle glisse dans les couloirs comme un surfeur sur une vague et il se crée un écart infranchissable entre ce mouvement que rien n'arrête et ma propre immobilité, entre moi qui la regarde et elle qui ne me voit pas.

Enfin le troisième personnage, et le plus important, qui est bien sûr l'institution elle-même.

Mais il faut dire en préambule que l'équilibre historique qui avait contribué au succès de cette institution venait de ce que celle-ci reposait sur le zéro, comme sur la pointe de l'aiguille en position verticale d'une balance où rien ne repose, ni sur le plateau de gauche ni sur celui de droite. Mais à la suite de ce grand chambardement, l'un des plateaux bascula brusquement d'un côté tant il était chargé de joies et de plaisirs. Comme il est dans l'ordre des choses que le système doive tôt ou tard retrouver l'équilibre, le second plateau, celui resté vide et suspendu en l'air, se vit obligé de se remplir de toutes les choses opposées à celles qui avait fait baisser le premier. La peur vint contrer l'insouciance, l'obscurité la lumière, le bien le mal, on vit le haut fuir le bas et le bas s'éloigner furieusement du haut, au point que l'édifice lui-même semblait plus imposant qu'il ne l'avait jamais été, tous les contraires furent bons à prendre en oubliant tout ce qui aurait pu se trouver au milieu, ou simplement ce qui aurait pu passer de l'un vers l'autre, ou encore être ailleurs, dans des lieux indéterminés, comme ces digressions inutiles dans lesquelles je me fourvoie une fois de plus.

Dans toute cette atmosphère qui donnait parfois l'impression illusoire que la grâce et la volupté régnaient en maître au sein de l'université, des fissures se firent sentir au milieu de ce climat de béatitude.

Des rumeurs circulèrent comme quoi des étudiants, (en fait plus fréquemment des étudiantes) auraient disparu, sans raisons apparentes et sans laisser de traces. On s'inquiéta, bien que personne ne puisse nommer ces personnes ni même les décrire, mais on s'inquiéta quand même.

Des recherches furent organisées et des équipes constituées pour explorer tous les recoins du bâtiment; certaines durent abandonner après avoir erré, perdues des heures entières dans les couloirs. D'autres ne revinrent jamais sans que l'on pût déterminer ce qu'il leur était arrivé. On mit en place des vigiles en des points stratégiques, mais ceux-ci ne purent supporter les heures de garde et eurent vite fait de reprendre leurs places dans les étages supérieurs. Toutes ces mesures ne firent rien pour apaiser les inquiétudes, et parfois contribuèrent à les attiser.

On accusa les uns et les autres et en particulier le professeur qu'on soupçonna d'attirer des jeunes filles au fin fond du bâtiment, et là, ce qui pouvait leur advenir était laissé à l'imagination de chacun. On le croyait tapi quelque part dans l'ombre de souterrains sombres et humides, dont on ne savait même pas s'ils existaient. On accusa également le comportement erratique des livres. (Selon cette idée que les livres peuvent parfois être responsables de comportements humains tout à fait condamnables.) Mais aucune preuve de pareils forfaits ne fût apportée, pas plus qu'il ne fût découvert de jeunes filles étranglées ou coupées en morceaux.

On cessa de danser dans les étages inférieurs, on évita les coins sombres et l'on éleva le nouveau sonore à un degré jamais atteint auparavant de façon à ne pas entendre ce qui aurait pu être potentiellement inquiétant.

Au dehors de l'établissement, on ne s'en souciait guère, ni les riches, ni les pauvres. (Il est vrai que les pauvres n'avaient guère les moyens d'envoyer leurs enfants à l'université.)

Néanmoins, le soir alors que j'éteignais la lumière, l'image de la danseuse anonyme brutalement kidnappée et retenue prisonnière dans les caves de l'université par le professeur atteint de folie démoniaque, m'empêchait de dormir pendant de longues heures jusqu'au moment où le sommeil venait me prendre par surprise, réclamant son droit à décharger sous mes paupières son lot d'histoires sans queue ni tête. Mais au point où nous en étions, celles-ci n'étaient guère plus absurdes que celles issues de la réalité.

Je me réveillais lourd de mes pensées de la veille et honteux de ma déréliction. Donc, profitant du fait que je n'avais pas grand-chose à faire, je me mis à explorer tous les couloirs, (dont je pense avoir déjà dit qu'ils étaient nombreux), de haut en bas et de long en large, et spécialement ceux situés au plus profond des bâtiments, j'en fis un relevé et une carte en trois dimensions afin de m'assurer qu'aucun recoin ne soit oublié, mais également afin de ne pas m'y perdre moi-même. La carte, (ou plutôt le dessin) que je fis de mes découvertes montrait un enchevêtrement extrêmement compliqué de couloirs, d'escaliers et de pièces de toutes tailles, certaines sans utilité apparente sauf à remplir des espaces vides. Mais lorsqu'on regardait cette carte depuis une certaine hauteur, on pensait y deviner l'image d'une immense bibliothèque, ou d'un empilement de roches sédimentaires formées à l'époque du Miocène comme celles, par exemple, qu'on trouve dans la zone périalpine.

Après quelques semaines, je crus avoir visité tous les couloirs et recoins possibles, et je n'avais pourtant pas trouvé la moindre trace ni de la danseuse ni du professeur, et sans pouvoir malgré tout me convaincre que l'image qui me tenait éveillé toutes les nuits n'était qu'une illusion, source d'une frustration sentimentale qui ne cessait de me dévorer chaque jour davantage. Cela m'obligeait à retourner sempiternellement à la recherche d'un couloir oublié, d'une porte dérobée, d'une trappe cachée sous une couche de poussière.

Un jour, alors que je parcourrais un de ces couloirs tout au fond du bâtiment, je sentis quelque chose passer au-dessus de ma tête, et la frôler comme l'eut fait une chauve-souris, pour disparaître plus loin dans l'obscurité, puis cette chose réapparut et vint flotter quelques centimètres devant mon nez, s'éloigna à nouveau d'un coup d'ailes et revint papillonner au même endroit. On voulait me dire quelque chose. Ce n'était pas une chauve-souris mais un petit cahier arraché d'un livre, qui se servait de ses pages comme des ailes, et cherchait à m'entraîner quelque part.

L'image de la petite danseuse enchaînée dans un caveau humide, à demi morte de froid et de peur s'imposa dans ma tête avec une précision jamais atteinte auparavant, et cette image me fit peur. Je suivis le cahier volant dans une suite de couloirs qui cette fois ne m'étaient plus familiers et paraissaient s'enfoncer toujours davantage dans le sol, dans l'humidité et le froid, se rétrécissant sensiblement pour finir en cul-de-sac devant une porte métallique en partie couverte de rouille, et telle que je n'en avais jamais vu. Le cahier s'était arrêté devant la porte, agitant frénétiquement ses pages avant qu'il n'aille s'écraser au sol terrassé par la fatigue.

La porte offrit une grande résistance mais l'âge avancé de la serrure ne put supporter les coups de boutoir dus à mon acharnement et l'espoir d'un dénouement digne d'un film de série B. La serrure tombée, il me fallut arracher un grincement effrayant aux charnières pour que la porte ne révèle qu'un vulgaire placard d'où quelques livres à la reliure mitée s'envolèrent en piaillant.

Je ne sais comment je retrouvai mon chemin, le cœur à vif, vers la fête continuelle qui débordait des étages supérieurs.

Et puis un jour, le silence.

Un silence qui fit apparaître les couloirs, les salles et les amphithéâtres plus grands et plus clairs qu'autrefois. Le soleil entrait par les fenêtres qui jamais ne lui avaient été ouvertes, et qui lui permettaient maintenant de pénétrer tous les recoins du domaine.

C'était les vacances et les élèves étaient partis. Les livres étaient tombés à même le sol fatigués et inutiles, comme des oiseaux morts.

J'errais dans les couloirs, seul et désolé. L'espoir de partir en vacances avec la danseuse anonyme qui sur un palier entre le deuxième et le troisième étage avait été à l'origine de notre petite révolution, s'était effondré avec fracas sur les débris de mon ego lorsque je la vis s'éloigner dans les bras d'un étudiant en mathématique.

Du fond d'un couloir, au cours de mes déambulations mélancoliques, (un de ces nombreux couloirs où l'on risquait fort de se perdre,) quelque chose comme une musique, mais une musique imprécise, faite d'éclats de verre tombant sur un carrelage, de sable renversé, de clochettes minuscules ou de vent dans des arbres aux feuilles de cuivre, bref une musique qui n'en était pas vraiment une mais qui ne pouvait néanmoins pas passer pour un bruit ordinaire, se rapprochait lentement et gagnait peu à peu en intensité, repoussant hors des fenêtres et sous un nuage de poussière grise, le silence et la lumière.

Le nuage s'élevait et s'effondrait avec un rythme régulier, d'abord en une plainte puis retombait en un souffle, poussé à coups de balai par le professeur, qui privé de son poste académique était désormais occupé à l'entretien des couloirs. À y regarder de près, cette poussière était constituée de mots-oiseaux (ou d'oiseaux-mots) tombés à terre.

Le professeur faisait le ménage.

De temps à autre il se baissait, ramassait un mot, un mot qui coupe, un mot qui blesse, et le jetait dans un sac poubelle suspendu à son épaule.

Il passa devant moi, perdu dans le nuage, sans s'apercevoir de ma présence, et disparu dans un autre couloir, un de ceux si nombreux qu'on aurait pu craindre qu'il s'y perde. Mais il y eut une chose dont je fus sans doute le seul à m'apercevoir : les pieds du professeur lorsqu'il marchait dans les couloirs, ne touchaient jamais le sol, laissant un écart avec celui-ci équivalant à celui qui le maintenait au-dessus du fauteuil à la suite de ma première visite.

La rentrée se fit dans l'atmosphère froide et terne des années passées comme s'il n'était rien resté de la révolution et que tout son combustible avait été brûlé avant les départs en vacances.

Les professeurs avaient repris leurs postes et retrouvé leur autorité, les livres avaient repris tant bien que mal leurs places dans les rayonnages mais la danseuse anonyme n'était pas revenue. Une amnésie lourde et opaque avait recouvert les événements d'un couvercle de glace, et s'il arrivait à certains d'entre nous de se remémorer le temps où nous étions libres, cela s'accompagnait d'un sentiment désagréable de honte et nous nous interdisions de partager ces souvenirs les uns avec les autres.

N'étant pas parvenu à trouver un emploi à l'extérieur de l'université, (je n'en avais pas vraiment cherché,) je pris temporairement celui que le professeur avait occupé pendant les vacances et qui consistait à se débarrasser de la poussière que l'on trouvait encore çà et là dans les couloirs. À grands coups de balai, je redonnais au dallage son aspect froid, lisse, d'une immuable condescendance bien qu'occasionnellement parsemé de taches. Je trouvais souvent des mots, des lambeaux de phrase parmi tous ceux qui n'avaient pas retrouvé leur place dans un livre et qui me semblaient dignes d'être secourus ; je décidai de les coller en respectant l'ordre où je les avais ramassés, d'abord dans un carnet, puis dans de nombreux cahiers dont on aurait facilement pu faire des livres, sans pour autant que j'en attendisse quoi que ce soit, sachant que nul autre que moi ne chercherait à en entreprendre la lecture.

Le soir venu, je lisais à haute voix la prose résultant de mes collages, me berçant de cette poésie étrange née de l'assemblage aléatoire de mots ramassés dans la poussière.

Parfois je croisais le professeur, qui à ma grande surprise ne semblait pas me tenir rigueur de notre dernière rencontre, et qui me demandait si par hasard je n'avais pas trouvé tel ou tel morceau de phrase qui semblaient lui manquer. Je lui promettais de l'en informer le cas échéant, sachant que je n'en ferais rien. J'avais pris en affection tous ces morceaux de texte, ces mots orphelins, dont je sentais bien qu'ils avaient eu de bonnes raisons de s'échapper de leur contexte. Je me plaisais également à penser que tous ces mots m'étaient reconnaissants de leur avoir trouvé un nouvel hébergement.

Les mois se suivirent à pas comptés, petitement, sans faire de bruit.

J'ai cru un jour voir au milieu de la foule des étudiants sortant d'un amphithéâtre, la danseuse anonyme, mais à ma grande surprise cette vision me laissa parfaitement indifférent.

Maintenant les couloirs sont redevenus propres et je suis désœuvré.

Personne ne songe à me débaucher ou à me donner un autre travail, alors je rêve de devenir écrivain, un de ceux dont la tombe se trouve sur une étagère, reliée en peau de chagrin et dorée à la main.

J'écris le soir, lorsque le silence s'est épaissi au-delà du cercle défini par la lumière d'une lampe de bureau. Les mots recueillis au cours de mes déambulations dans les couloirs jouent à la manière d'une partie de billard où des boules seraient lancées à des vitesses différentes, se percuteraient les unes avec les autres pour repartir vers des directions imprévues. De non-sens en non-sens, les phrases se forment et se défont au hasard, jusqu'à ce qu'un sens nouveau émerge, à la fois déroutant et pourtant familier.

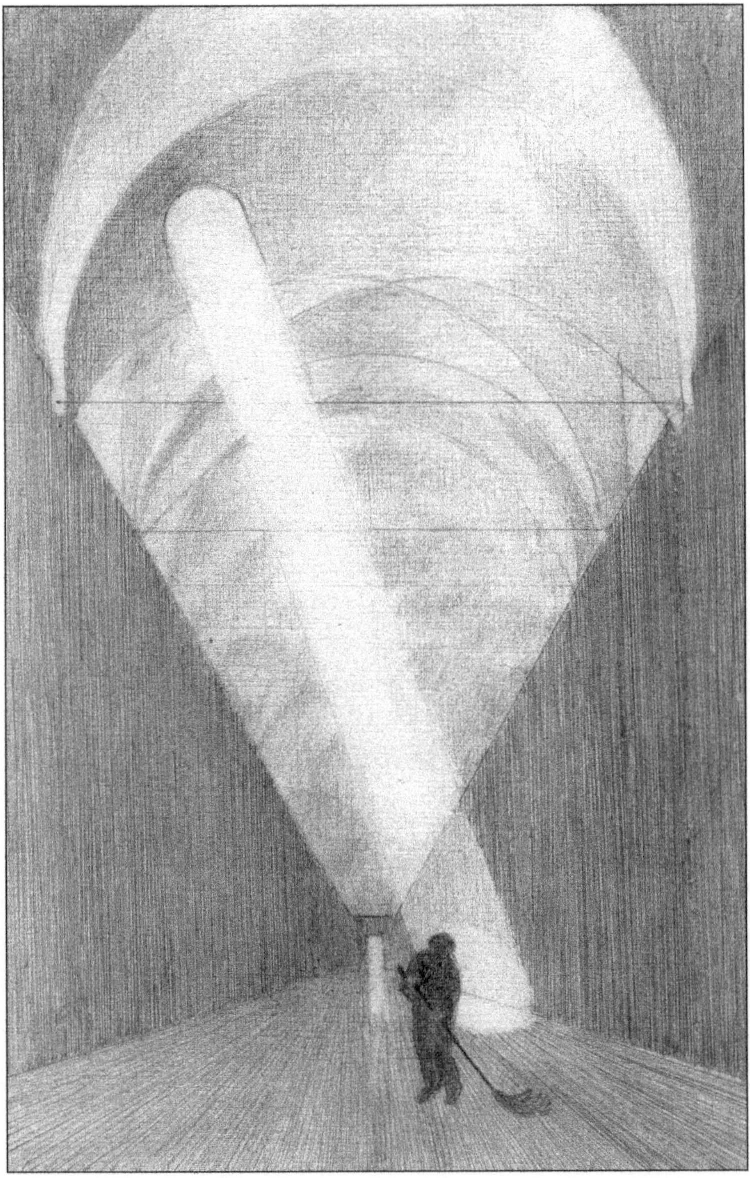

Dans le désordre des phrases qui s'habillent et se déshabillent sans cesse, des images apparaissent, ténues, frileuses et dissipées, pour revenir encore et encore, à chaque fois plus fortes et plus vives, images de couloirs sans fin dans lesquels on pourrait si facilement se perdre, et au milieu desquels la silhouette courbée du professeur avance, tête baissée et le visage crispé de celui qui doit affronter une épreuve. Une jeune femme (s'agit-il vraiment d'une personne de sexe féminin ?), sur le palier qui sépare le deuxième étage du troisième, danse au rythme d'une musique qu'on ne peut entendre mais que chacun croit avoir entendu, et qui donne envie de danser. Mais le professeur ne danse pas, il sait qu'il a la charge de faire en sorte que le temps passe dans l'éternelle répétition des heures et des jours, soucieux d'un savoir qui ne s'occupe guère de ce qui se passe dans les couloirs, parce que dans les couloirs, selon le professeur, il ne se passe rien.

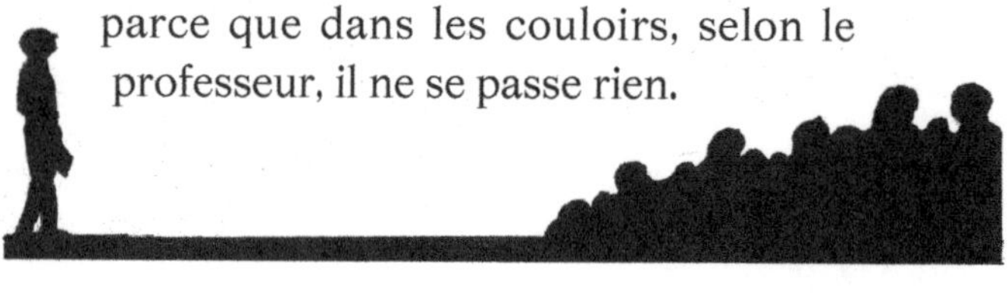

POSTFACE

Après avoir quitté l'université, « bien des années ont passé » (j'ai ramassé ce morceau de phrase dans un couloir, bien des années auparavant). Malgré tout, le souvenir de mes années d'études demeure accroché sur le mur de ma mémoire comme une toile précieuse et joliment encadrée vers laquelle le regard ne cesse de se poser.

Par la suite je n'ai rien fait qui vaille la peine qu'on s'y arrête, soit par curiosité, soit pour en tirer un quelconque enseignement. Un pareil aveu devrait normalement décourager toute velléité de lire ce qui va suivre, mais néanmoins il n'est pas exclu que l'on puisse sentir, à l'occasion de cette lecture, que le souffle quand bien même imperceptible d'une vie, et peu importe laquelle, caresse avec légèreté, la surface du monde.

Je n'ai certes jamais cessé d'écrire. Des livres en sont même sortis de chez un imprimeur. Ils ont été lus, critiqués en bien comme en mal, sans que cela ne change quoi que ce soit, ni dans ma vie ni dans celle d'autrui, comme si ces livres étaient venus au monde par hasard, s'étaient faufilés dans les interstices et les failles du monde littéraire, et avaient vécus intranquilles, certes, mais néanmoins ignorés. Écrire ne fut jamais mon occupation principale, et encore moins une préoccupation, et comme il fallait bien gagner un peu d'argent, (les livres ne rapportent pas grand-chose et les miens encore moins,) j'allais d'un travail à un autre sans grande considération ni intérêt pour les tâches que l'on voulait bien me donner à accomplir, et sans que jamais mes compétences acquises à l'université ne me fussent d'une quelconque utilité. Cette université conservait néanmoins une aura particulière au point d'effacer le souvenir des années qui l'avaient précédées et de refuser toute réalité à celles advenues postérieurement.

Nostalgie ? (Cette manière de recouvrir une période ou un lieu d'oripeaux qu'on ne cesse de ravauder et auxquels on prête des charmes exagérés,) Peut-être ! Mais sans pour cela me donner l'envie d'y remettre les pieds.

Il n'en demeurait pas moins un manque, un creux, une absence de quelque chose qui aurait dû advenir et qui n'avait pas réussi à émerger, et auquel il était impossible d'assigner une image ou une quelconque signification.

On entend parfois dire que la nostalgie est une affection de l'âge mûr, mais cela est injuste et ne correspond pas à ce qu'on observe au vu de la très grande variété des expériences vécues par les gens de ma génération.

Et ces sentiments, à force d'avoir été trop souvent sollicités s'effacent d'eux-mêmes, et autorisent parfois le retour brutal et inattendu du passé.

C'est ainsi que je trouvai dans ma boîte aux lettres, (par quel hasard il me vint l'idée de l'ouvrir, geste dont comme la plupart des gens, j'avais perdu l'habitude,) j'y trouvai une enveloppe de format A4 qui devait avoir été déposée plusieurs semaines auparavant, enveloppe de papier beige portant le sceau de l'université. Celle-ci avait depuis bien des années abandonné le courrier mensuel imprimé sur papier glacé, destiné aux anciens élèves afin de les rappeler à leurs devoirs et de leur soutirer une participation financière.

Mon premier sentiment fut de réserver à ce courrier le sort des imprimés publicitaires mais le fait que mon nom et mon adresse étaient correctement dactylographiés me poussa à n'en rien faire. Ainsi l'enveloppe resta une semaine encore placée au hasard sur une étagère de la cuisine, coincée entre le sel et le poivre et non loin d'un bocal de cornichons oublié depuis longtemps et dont le liquide saumâtre s'échappait petit à petit en laissant une tache humide sur la planche de bois. Il s'en suivit que la colle qui maintenait l'enveloppe fermée en perdit son pouvoir agglutinant et en libéra le contenu. Une feuille tomba sur le sol de céramique dont la couleur sombre contrastait fortement avec la blancheur du papier, rendant la chose difficile à ignorer.

J'étais en train de faire cuire des œufs brouillés (quatre œufs, dans une casserole sur un bain-marie, un peu de beurre et une goutte d'huile, il faut mélanger doucement et sans précipitation les blancs et les jaunes, ce qui différencie grandement les œufs brouillés des œufs frits dans une poêle à feu vif, bien que la différence entre les uns et les autres soit au bout du compte de peu d'importance surtout lorsqu'on n'est pas gastronome), tout à la fois inconscient du spectacle un peu ridicule que je pouvais donner d'un homme vieillissant penché sur une casserole dans laquelle il tourne une cuillère en bois dans le sens contraire des aiguilles d'une montre avec une régularité de métronome, et les jambes écartées, posture incommode, afin de ne pas glisser sur le papier ce qui aurait entre autres pour conséquence l'interruption du mouvement circulaire de la main tenant la cuillère compromettant ainsi la consistance désirée des œufs. Il n'était pas davantage question, à ce moment précis où ces derniers commençaient à coaguler, de se baisser pour ramasser la lettre, il me paraissait également tout aussi incongru de ne pas attendre la fin du repas pour s'intéresser à son contenu.

Celui-ci était pourtant simple, il ne s'agissait que d'une invitation à me présenter au bureau du président de cette université dont j'avais été l'élève bien des années auparavant.

Je décidai de n'en rien faire, mais après réflexion l'idée qu'on veuille m'offrir un poste, (après tout j'étais sorti de cette université avec un diplôme,) me parut être la seule explication possible à l'envoi de cette invitation, d'où l'envie qui me vint d'aller dire au président lui-même, et de vive voix, qu'il n'était pas question que j'accepte quelque proposition que ce soit.

Le lendemain je me rendis à la convocation, mais tout au long du chemin je vis ma détermination perdre un peu de sa hautaine présence au profit d'une sourde inquiétude, qui n'était pas loin de ressembler celle d'un jeune étudiant lors de son premier jour de classe.

En marchant dans les couloirs, (qui me paraissaient moins nombreux qu'autrefois et dans lesquels il ne me semblait plus possible que l'on puisse s'y perdre,) je me rendis compte à quel point le souvenir que j'avais de ces lieux différait de ceux que je découvrais maintenant, comme si les proportions elles-mêmes avaient évolué avec le temps. Les dimensions verticales me semblaient disproportionnées par rapport aux lignes horizontales, la lumière y paraissait plus contrastée et les couleurs plus froides, et pourtant il s'agissait des mêmes lieux, parfaitement reconnaissables mais qui semblaient ne vouloir dévoiler leur vraie nature que maintenant, après s'être cachés pendant tant d'années, comme si la confrontation entre ce que ces lieux avaient imprimé dans ma mémoire et leur apparence actuelle, donnait à cette dernière une irréfragable authenticité.

Je retrouvais donc les lieux de ma jeunesse comme on retrouve une vieille connaissance que l'on reconnaît sans difficulté mais dont on constate à quel point elle a changé.

Sur le palier au milieu de l'escalier entre le deuxième et le troisième étage, il était impossible d'imaginer que quelqu'un puisse non seulement s'y arrêter mais encore moins se mettre à danser.

Je croisai peu de monde, des étudiants qui ne ressemblaient en rien à ceux que j'avais côtoyés autrefois.

Ils passaient rapidement, frileux et habillés de noir, comme honteux d'être là et cherchant à s'en excuser. Aucun ne fit attention à moi ou ne croisa mon regard.

En revenant à l'université je pensais y retrouver une familiarité et le sentiment d'en être un peu propriétaire, mais chaque pas le long de ces couloirs me faisait sentir à quel point je n'en faisais plus partie.

C'est avec ce sentiment que je poussai la porte du bureau du président après avoir frappé à plusieurs reprises et sans avoir reçu de réponse. Il n'y avait personne dans cette pièce, pièce assez ordinaire où, à la différence de celles qu'occupaient les professeurs, il n'y avait pas de bibliothèque, et pas un seul livre. Par contre on voyait aux murs les portraits peints à l'huile de tous les professeurs maintenant disparus et qui avaient enseigné dans l'établissement. Ils étaient tous représentés de la même manière, assis sur un fauteuil et semblaient regarder droit dans les yeux quiconque se trouvait en leur présence. Je n'eus aucun mal à reconnaître mon professeur, que le peintre avait malheureusement omis de placer en apesanteur, quelques centimètres au-dessus de son fauteuil. Mais le voir ainsi et le regard fixé sur moi me mit mal à l'aise, comme si j'étais en faute de ne pas m'être acquitté du devoir du jour.

Il était donc mort, mais si l'on y réfléchissait une seconde, c'était une chose tout à fait normale, vu la différence d'âge que nous avions lui et moi, mais malgré tout, cette présence et ce regard semblaient vouloir me dire qu'il n'en était rien.

Que signifiait donc cette invitation, ce rendez-vous avec le portrait d'un mort ? La sagesse voudrait que l'on ne se préoccupe pas de questions auxquelles on sait ne pas pouvoir donner de réponse, mais c'est nier le fait que ce sont ces questions mêmes qui restent suspendues au-dessus de nos têtes et refusent de nous ficher la paix. Ne pouvant pas rester là planté à attendre je ne savais ni quoi ni qui, sous le regard acéré du professeur qui me semblait de plus en plus à même de me transformer en bloc de glace, je fis demi-tour, une giration lente et scrupuleuse comme si mes membres risquaient de se séparer du reste de mon corps, de tomber à terre et de se fracasser en multiples morceaux.

La porte se referma d'elle-même derrière moi comme pour me signifier un adieu définitif, et je me retrouvai face à une multitude de couloirs où j'étais sûr que j'allais me perdre.

Le temps passe mais à chaque seconde le monde repart à zéro, rien n'est appris, rien n'est retenu, la leçon, à chaque fois, ne fait que commencer.

Je pris un mauvais chemin qui au lieu de me conduire vers la sortie me mena au cœur du bâtiment, et, comme s'il eût été impossible d'y échapper, devant la porte du bureau de mon ancien professeur.

Il arrive quelquefois et sans qu'on s'y attende, qu'un détail anodin fasse revenir à la conscience un fragment du passé et que l'on croit un instant y avoir été renvoyé, chose parfaitement décrite dans la littérature. Mais cette fois-là il ne se passa rien de tel face à cette porte entrouverte qu'un courant d'air faisait battre avec un léger grincement à chaque aller et retour. Il me fallut faire un réel effort pour me souvenir du moment où je poussai cette porte tant d'années auparavant, et un plus grand effort encore pour me remémorer l'état d'esprit qui fut le mien à ce moment-là. Si cette porte qui ne cessait d'aller et venir en se lamentant voulait m'inviter à entrer, elle le faisait de façon si ridicule que je pensai à m'enfuir, mais je me retrouvai malgré moi et contre toute attente à l'intérieur d'une pièce froide, au milieu de laquelle un vortex faisait tourbillonner une poussière jaunâtre, devant une bibliothèque en grande partie effondrée, ses étagères ayant cédé sous le poids des livres dont la plupart avaient formé au sol des monticules de hauteurs variables comme autant de dunes dans le désert. Il devait y avoir au plafond un trou par lequel passait ce vent qui soulevait la poussière et la laissait retomber comme il faisait, en cadence, battre la porte.

Il était d'usage dans cet établissement (et dans bien d'autres également) que lorsqu'un professeur venait à disparaître, son bureau fût laissé en l'état tel qu'il se trouvait au moment de sa mort, et que personne ne fût jamais autorisé à y pénétrer. (On construisait régulièrement de nouvelles extensions pour y accommoder les nouveaux arrivants et ainsi l'institution croissait de manière continue au fur et à mesure du renouvellement du corps professoral.)

J'en était donc à mon deuxième sacrilège, et l'on se souvient, (ou pas,) de ce qui se produisit à la suite du premier.

Mais cette fois-ci, rien ne se produisit, hormis le battement de cette porte comme un métronome déréglé et la chorégraphie aérienne de la poussière, qui n'avaient pas attendu mon arrivée pour jouer l'un avec l'autre.

Il fallut que je me fasse à l'idée que j'étais venu pour rien ; avais-je perdu mon temps ? Mais le temps de toute façon est toujours irrémédiablement perdu quoi qu'on y fasse. Qu'on l'occupe ou pas, il s'en fiche et s'en va.

Il me restait néanmoins le sentiment très fort d'être là, en vie, beaucoup plus vivant que je ne l'avais été avant ou ailleurs, et que ma présence était bien plus pesante, comme si les traces de mes quelques pas dans la poussière avaient été imprimées dans du ciment.

Je restai ainsi longtemps, immobile comme ces statues pensives qui ornent parfois les tombes dans les cimetières. J'attendais la révélation d'un mystère, une ouverture vers un monde caché, un chemin vers un au-delà : un roman en quelque sorte, que j'aurais pu construire avec toutes ces phrases et ces mots enfouis sous la poussière. Un coup de savate dans un de ces monticules ne changea rien à l'affaire, le roman ne jaillit pas du nuage de ces phrases perdues, le lecteur resterait sur sa faim.

Je sorti déçu de cette visite dont curieusement je n'attendais rien, et pourtant, alors que je m'éloignais du bâtiment, je n'arrivais pas à me défaire du sentiment que ce dernier me suivait comme un chien errant qui croit avoir trouvé un maître. Ce sentiment dura encore quelques jours, l'université m'attendait derrière la porte, je la sentais m'épier derrière la fenêtre, elle me suivait quand j'allais faire des courses. À tel point qu'il devînt impératif de faire quelque chose. Si ma visite n'avait rien produit de tangible, c'était à moi qu'il revenait de faire ce quelque chose.

J'avais gardé toute une série de clés des ouvertures du bâtiment lorsque, autrefois les étudiants, dont moi-même, en avaient assumé la responsabilité. J'y pénétrai donc une nuit pour m'assurer que je pouvais y être seul, à même d'y faire tout ce que je voulais.

J'y retournai la nuit suivante avec un aspirateur et me mis à faire le ménage dans le bureau du professeur. Je changeai la serrure afin d'y être tranquille, et les nuits suivantes j'y amenai scie, rabots, équerre, maillet, limes queue de rat ou demi-ronde, tournevis, marteau, échelle, tous les outils nécessaires pour réparer les dégâts faits à la bibliothèque. Un passage dans un atelier de menuiserie où j'avais exercé pendant quelques temps me fut d'une grande utilité. J'y passai la plupart de mes nuits, puis également certains jours car personne dans l'établissement ne semblait se soucier de ce que je pouvais bien y faire.

Une fois la bibliothèque redevenue fonctionnelle, il fallut s'occuper des livres. Je les remis en place, réparés, nettoyés, et sans me préoccuper le moins du monde de l'ordre dans lequel ils allaient se retrouver sur les étagères. Certains étaient malheureusement en si mauvais état que je ne gardai que leurs couvertures et en remplaçai le contenu par un bloc de bois d'un volume approprié. L'ensemble finit par être visuellement acceptable, et le bureau ne parut guère différent de ce qu'il avait été du temps où j'étais étudiant.

Je finis par passer la plupart de mon temps dans le bureau, tant et si bien que toute personne passant devant la porte se persuada que j'y étais en toute légitimité.

Je finis par prendre quelques étudiants, donnai des cours dans un des nombreux amphithéâtres, en prenant soin de ne pas empiéter sur l'emploi du temps de ceux que j'appelais alors mes collègues et qui auraient alors découvert mon imposture.

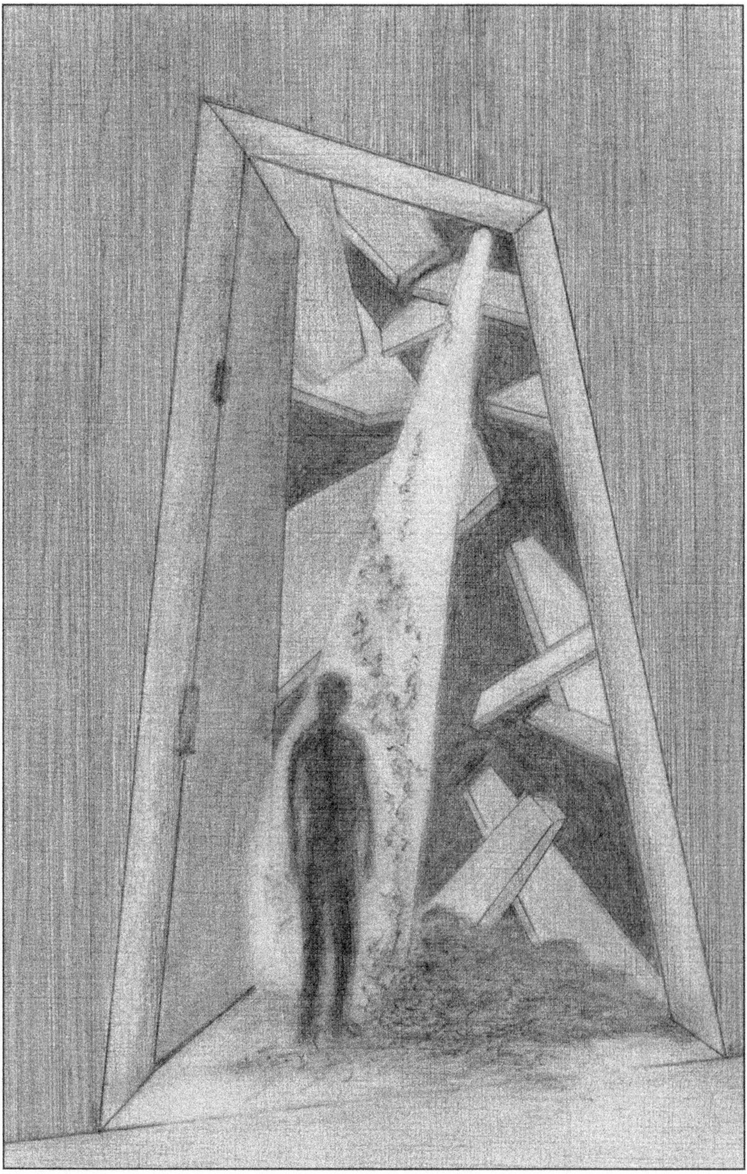

Un des sujets que j'eus à cœur d'enseigner fut la science des interactions entre les mots ou les syntagmes d'une phrase, à l'image des relations qui lient les atomes ou les molécules dans les réactions chimiques. Sans vouloir entrer dans les détails, je trouvais intéressant d'observer les attractions et les répulsions entre les différents morphèmes, car celles-ci, à mon sens, inspirant la formation des phrases d'un texte bien au-delà de ce que celui-ci a pour mission de dire, et d'autre part, d'en établir les classifications.

Il résulta de ces cours et sous ma direction, plusieurs thèses assez intéressantes, par exemple : « Liaisons covalentes et prépositions », « Catalyse et adverbe », ou encore « Analyse de la masse pondérale du verbe avoir » ; thèses, qui, une fois publiées, connurent un succès indéniable, ajoutant à la réputation de l'université.

Ainsi les années s'écoulèrent, tranquilles, et vint un jour, peu de temps avant la fin d'une année scolaire, où un étudiant se présenta, comme il était d'usage, sur le seuil de mon bureau. Occupé par la lecture de quelques documents académiques, je pris soin de ne pas lever les yeux, calculant précisément le temps que je devais laisser filer avant de manifester un quelconque intérêt à sa présence.

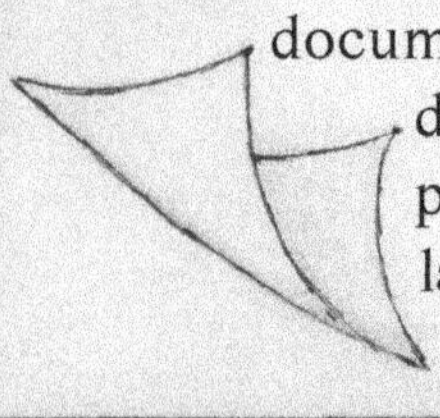

EN ATTENDANT L'AUTOCAR

Que voulez-vous dire? J'entends les mots les phrases que vous prononcez mais je n'en saisis pas le sens. Si au moins c'était de la chanson je pourrais l'apprécier même sans en comprendre les paroles mais là je ne peux pas vous suivre. Il s'agit d'un rêve? Je n'ai jamais entendu parler d'un rêve comme ça et croyez-moi je rêve beaucoup je sais beaucoup de choses à propos des rêves. Voulez-vous que je vous raconte le rêve que j'ai fait la nuit dernière? Je l'ai encore en mémoire comme si je venais de me réveiller. Non? Vous n'y tenez pas? Je ne suis pas sûr de votre réponse. Il y a quelques instants il me semblait que j'arrivais à vous comprendre mais maintenant je n'essaye même plus. Je vous écoute quand même ce ne serait pas poli de ne pas le faire et puis pour être franche avec vous je n'ai rien d'autre à faire en attendant le car. Il en met un temps le car à venir j'ai beau me retourner et regarder fixement le bout de la rue il en met du temps. Je pense toujours qu'en faisant cela ça le fait venir plus vite mais non il ne vient pas. Ce n'est pas comme si j'allais être en retard je n'ai pas d'horaire personne ne m'attend. Que dites-vous ? Je ne vous comprends pas. Pourtant je vous trouve assez sympathique même si c'est la première fois que je vous rencontre. D'ailleurs on rencontre souvent des gens sympathiques en attendant l'autocar sur cette ligne en tout cas. Les autres lignes, je n'en parle même pas on dit de ces choses. D'ailleurs je ne les prends pas. Vous les prenez ? Non ? En tout cas si vous le faites vous avez du courage. J'ai une amie enfin plutôt une connaissance les amies ça va ça vient les connaissances une fois qu'elles ont été établies c'est bien plus solide cette amie elle a pris une autre ligne le car était vide elle ne s'en est rendu compte qu'en arrivant au terminus et là elle n'avait plus qu'à rentrer à pied heureusement ce n'était pas très loin de chez elle d'ailleurs elle habite pas loin d'ici derrière le stade de foot si vous voulez on peut aller la voir elle vous racontera son histoire comme quoi il ne faut pas prendre n'importe quelle ligne d'autocar on ne sait pas où ça peut vous emmener. Remarquez c'est bon aussi pour tout un tas de choses dont on ne sait pas où elles peuvent vous emmener. Vous voyez, je suis un peu philosophe. Par exemple une fois j'ai rencontré un garçon il était très grand et très agréable ce n'est pas contradictoire il me plaisait bien et je crois que je lui plaisais aussi oui je sais ce que vous allez me dire c'était il y a déjà quelques années et bien je n'ai pas cherché à le revoir on ne sait jamais où cela peut vous emmener. Tenez une fois une amie enfin une ancienne amie on s'est fâché c'est pas de ma faute et elle pourrait bien avoir pris une de ces lignes de car qui ne reviennent jamais ça m'est complètement égal. Parce qu'il y a des lignes de car qu'il ne faut pas prendre parce qu'elles disparaissent avec tous les gens à l'intérieur et qu'on ne revoit jamais. D'ailleurs les lignes de car on peut les reconnaître elles ont des noms c'est comme le gens quand on connaît leur nom on sait à qui on a affaire on peut pas se tromper en fait on peut quand même se tromper on peut confondre un nom avec un autre par exemple mon amie dont je vous ai parlé tout à l'heure pas celle qui s'est perdue l'autre elle confondait toujours mon nom avec quelqu'un d'autre c'est pourquoi on s'est fâché je vois que vous voudriez bien savoir mon nom mais je ne vais pas vous le dire on ne se connaît pas même si vous me paraissez tout à fait sympathique mais les noms ça se vole il faut faire attention par exemple mon amie une autre elle ne l'a jamais retrouvé pensez donc ne plus avoir de nom ! Comment vous faites ? Pire un jour vous voyez un car arriver et vous voyez qu'il porte le nom qu'on vous a volé. Bien sûr vous pouvez toujours monter dedans et essayer de le récupérer, et bien je vous souhaite bon courage. Moi je me sauverais en courant. Vous vous souvenez sans doute pas vous êtes trop jeune les gens qu'on faisait monter dans les autocar des drôles d'autocar avec des fenêtres qui avaient des grillages à l'intérieur on leur prenait leur nom en échange d'un numéro c'était plus facile et bien ils ne sont jamais revenus. C'est pas de la blague c'est arrivé il y a bien longtemps. Mais je me demande ce qu'on a bien pu faire de tous ces noms qu'on avait récoltés peut-être on les a redonnés à ceux qui n'en avaient plus. Mais on ne va pas commencer une conversation sur les noms on a pas le temps le car ne va tarder à arriver en général on le voit tourner le coin de la rue avant de l'entendre il commence déjà à ralentir quand il voit qu'il y a quelqu'un qui attend à l'arrêt quelques secondes plus tard s'il n'y a pas de circulation il y en a rarement il se rapproche du trottoir et stoppe avec un bruit comme un soupir à croire qu'il a pas envie de s'arrêter. Je vous dis ça parce que je vois bien que vous n'avez pas l'habitude. Moi j'ai l'habitude d'attendre l'autocar quand j'étais petite fille il n'y avait pas tout ça à l'époque tous ces murs ces bâtiments le terrain de foot c'était un champ là derrière par exemple un champ de betteraves le car arrivait de derrière une rangée de platanes quand il arrivait au milieu des betteraves et s'arrêtait ici au même endroit. Maintenant il n'y a plus de betteraves il y a un terrain de foot et des jeunes qui jouent au ballon en attendant l'autocar. Je sais vous allez me demander à quoi je pense pendant que j'attends l'autocar je pense surtout à l'autocar parce que si je pense à autre chose il y a de fortes chances que le car

n'arrive pas mais je peux aussi penser à autre chose entre les moments où je pense à l'autocar à condition que je ne m'éloigne pas trop sinon l'autocar ne va pas s'arrêter tenez par exemple je peux penser aux betteraves qu'il y avait autrefois on les mangeait pas ces betteraves-là on en faisait du sucre dans une grande usine qu'on pouvait voir là où maintenant il y a des maisons des vraies maisons pas des maisons en sucre c'est dommage quand on y pense. Imaginez-moi ça ! Des maisons en sucre de toutes les couleurs ça serait plus gai plutôt que ces maisons grises qui ont dû être blanches au début mais maintenant elles sont juste sales quoique le sucre est blanc aussi alors peut-être que les maisons sont en sucre allez voir ! On dirait qu'il va pleuvoir quand il pleut c'est pas drôle d'attendre l'autocar mais c'est que de la pluie et ça fait passer le temps le temps passe plus vite quand il pleut et il faut que le car arrive sinon on est trempé. Quand j'étais petite et qu'il pleuvait en attendant l'autocar la pluie rabattait la fumée couleur du chocolat c'était pas du chocolat qui sortait de la cheminée de l'usine où on fabriquait des betteraves avec du sucre et ça sentait assez mauvais pas du tout comme du caramel ça aurait pu vu que le caramel c'est du sucre mais ça sentait comme quelque chose qu'on aurait laissé trop longtemps au frigidaire, du coup les insectes qui bourdonnaient au-dessus des betteraves s'arrêtaient de bourdonner j'aimais bien le bruit des insectes on l'entend plus maintenant le bourdonnement des insectes pendant les grandes chaleurs depuis qu'il y a le terrain de foot on entend seulement le bruit des gosses qui jouent au ballon c'est fou comme les choses ont changé.

Oui j'ai toujours habité ici. Même si les choses changent et les gens s'en vont moi je n'ai aucune raison d'aller ailleurs il faut bien que quelqu'un reste sinon comment savoir que les choses changent si tout le monde fiche le camp dans les autocar. Des fois des gens viennent me voir pour savoir comment c'était avant le champs de betteraves l'usine en sucre ou le bourdonnement des abeilles parfois aussi je leur montre le terrain de foot et l'arrêt d'autocar avec un peu de chance on attend pas trop longtemps. Tiens ! Il a pas plu c'était juste un gros nuage il est reparti. Les nuages c'est un peu comme les autocar ils viennent de là où est l'usine de chocolat ils s'arrêtent ici et déchargent ce qu'ils ont dans le ventre et ils repartent sans perdre de temps à bavarder. Alors j'ai des fois la tête en l'air je regarde les nuages qui passent c'est beau les nuages même quand ils ne s'arrêtent que pour déposer de la pluie et surtout le soir quand ils prennent de la couleur avec le soleil qui se couche ou quand ils sont gros en coton comme de la barbe à papa et qu'ils viennent tout sucrés de l'usine de betteraves on voit l'ombre qu'ils promènent sur le terrain de foot même si les gosses ne font pas attention parce qu'ils ne regardent que le ballon. J'aime bien les nuages et puis qu'est-ce que vous pouvez bien faire d'autre que de regarder les nuages qui passent. Bien sûr avoir la tête en l'air c'est un truc à se faire écraser mais je fais attention ici il n'y a pas beaucoup de circulation on est assez tranquille on ne risque pas de se faire écraser par un nuage. Le dimanche il y a moins d'autocar mais aujourd'hui on n'est pas dimanche on a de la chance. D'ailleurs je n'aime pas le dimanche c'est un jour prétentieux qui se croit au-dessus des autres alors qu'il est seulement un jour comme les autres entre deux autres jours ni plus ni moins. Vous avez déjà vu un jeudi par exemple qui se prendrait pour le centre de la semaine ? Non ? Et puis c'est un jour où il ne se passe jamais grand-chose on s'ennuie le dimanche et en même temps on fait croire aux autres qu'on s'amuse moi rien ne m'amuse le dimanche j'attends le lundi c'est tout. Je vous dis ça mais si vous voulez vous amuser le dimanche ça vous regarde. Mon amie, celle dont je vous ai parlé elle ne s'amuse pas non plus le dimanche même qu'on avait l'intention de passer nos dimanches ensemble pour s'amuser mais ça n'a pas marché vous voyez bien ! Un dimanche sous la pluie c'est mieux qu'un dimanche ensoleillé on est pas obligé de sortir en se disant quel beau dimanche ! Et du coup le temps passe plus vite. Non. Je ne me souviens pas avoir passé un beau dimanche. Par contre le lundi c'est comme une aventure on commence la semaine et on va attendre l'autocar et qui sait ? Il va arriver à toute allure avant même qu'on ait le temps de s'impatienter à attendre il va freiner en se rapprochant du trottoir (avant il n'y avait pas de trottoir le long du champ de betteraves seulement un talus avec de l'herbe) et il va s'arrêter avec un long soupir même les gamins qui jouent au foot vont s'arrêter de jouer et regarder l'autocar. J'aime bien le lundi. C'est le jour où on a le plus de chance après c'est moins bien et plus ça va plus c'est moins bien jusqu'au dimanche. On dit aussi que le dimanche c'est un jour pour la famille mais moi je n'ai pas de famille comme ça je n'ai pas à passer mon dimanche en famille et quand j'étais petite il y avait les champs l'usine et la route qui passait au milieu des champs et qui venait de l'usine là où il y a des maisons grises des murs et un terrain de foot et si je ferme les yeux je vois les champs l'usine et un autocar qui arrive l'autocar a une drôle de couleur pas comme d'habitude il s'approche mais ne s'arrête pas je vois des gens derrière les vitres de l'autocar ils sont tassés comme des sardines et ils ont l'air triste je vois mon père qui a le visage pressé contre le grillage qui double la vitre et qui me regarde il a l'air malheureux je lui fais un signe avec la main lui peut-être parce qu'il est tassé avec les autres il ne peut pas lever la sienne il me regarde d'une façon bizarre comme s'il ne voulait pas que je le vois ça dure pas longtemps c'est lourd comme une année entière et l'autocar s'éloigne et je continue à voir la tête de mon père le visage écrasé contre le grillage derrière la vitre même si je suis petite je sais que c'est un autocar qui emporte des gens qui ne reviennent pas.

Dites, le soir tombe, on n'y voit plus trop clair à part le stade de foot qui est bien éclairé en jaune on se demande pourquoi parce qu'il n'y a plus personne pour jouer au ballon, ce n'est plus la peine d'attendre l'autocar c'est trop tard pour qu'il vienne. Si j'étais vous je ne resterais pas là à attendre moi je rentre à la maison. Mais vous pouvez revenir demain si vous voulez attendre l'autocar. Ah ! J'ai oublié de vous raconter le rêve que j'ai fait la nuit dernière c'est vraiment un beau rêve parce que dans mon rêve l'autocar il arrive dans un nuage de poussière et s'arrête avec un soupir.

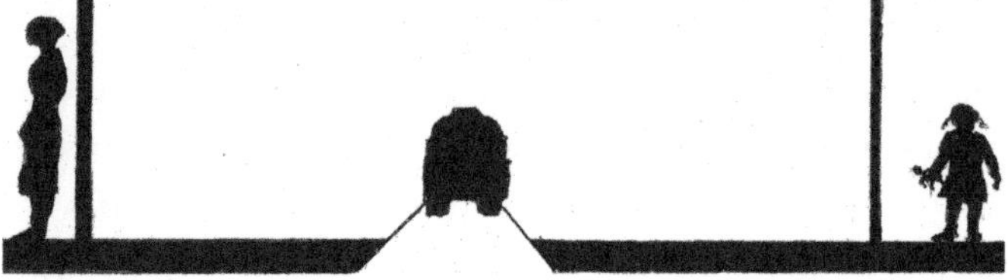

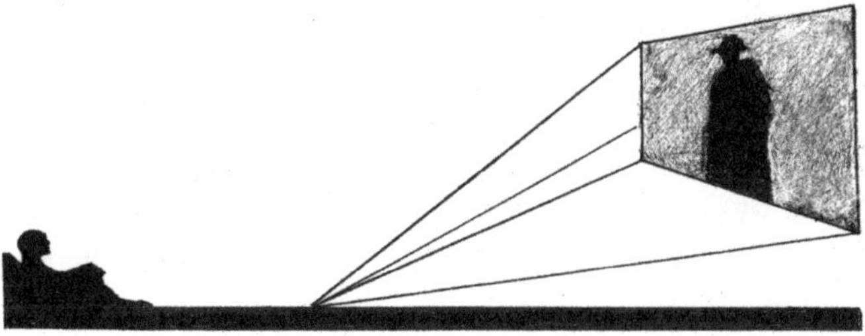

UNE PEAU SI BLANCHE

Il y a les choses qu'on voit et derrière les choses qu'on voit il y a d'autres choses qu'on voit pas, ou si peu et derrière ces choses-là, d'autres choses que l'on voit encore moins et qu'on voit de moins en moins, et les choses qu'on peut pas voir du tout et encore d'autres choses. Ça ne s'arrête pas et on sait pas quoi en faire, de toutes ces choses qui sont là et qu'on voit pas.

C'est à ça que je pense en la suivant sans la quitter du regard. La voir sans être vu même si sans vouloir l'avouer je souhaite qu'elle se retourne tout en ayant peur qu'elle se retourne et me lance un regard énervé parce que je devrais pas être là à la suivre sans qu'elle le sache. Elle a certainement pas envie qu'on devine où elle va et pourquoi elle fait un détour pareil au lieu de rentrer directement à la maison comme si elle avait quelque chose qu'on a pas le droit de savoir et je la regarde marcher devant moi et quelque fois elle sautille sur une jambe et ses tresses sautillent sur son dos je ne vois pas son visage et en même temps je le vois parce que je le connais bien mais c'est la nuque que je regarde le plus.

C'est ce qu'il y a de plus joli chez une fille la nuque entre la racine des cheveux quand ils sont relevés et le haut des épaules j'aimerais beaucoup poser mes mains sur le haut du dos, une main de chaque côté mais j'ose pas demander une chose pareille je sais bien qu'elle m'enverrait promener ou bien je prendrais une gifle et elle raconterait à tout le monde que je lui ai demandé si je pouvais mettre les mains sur son dos une main de chaque côté, et bien sûr tout le monde se moquerait de moi, alors que moi je pense qu'à une chose c'est qu'on me laisse marcher derrière elle tranquillement en essayant de voir les choses qu'on peut pas voir même si on demande, mais demander en général ça ne sert à rien.

En classe, elle est assise deux rangées devant moi donc elle a le dos tourné et je peux voir la nuque mais il y a le gros Merlin entre nous qui n'arrête pas de bouger de droite à gauche et qui me bouche la vue.

C'est un peu comme si elle était de l'autre côté de la rue avec des voitures qui passent entre nous, je la vois et puis je la vois plus et je la vois de nouveau sans arrêt ça m'énerve, elle, elle bouge jamais c'est mon regard qui la maintient en place, immobile.

Je la regarde et au bout d'un moment, je n'entends plus ce que raconte le prof.

Silence.

Quand arrive la sonnerie tous les bruits reviennent les élèves se précipitent vers la sortie, le gros Merlin en premier et je peux la regarder sans être gêné jusqu'à ce qu'elle se lève après avoir rangé ses affaires moi je fais semblant d'être occupé à quelque chose au cas où elle se retournerait en se demandant pourquoi je reste assis à la regarder ce qui n'arrive jamais, jamais je l'ai vue se retourner elle va directement vers la porte à droite du tableau noir. Dès qu'elle passe la porte je me dépêche de sortir et avec un peu de chance je la vois encore un moment au bout du couloir avant qu'elle disparaisse dans les escaliers.

Je me souviens pas de son visage lorsqu'elle est arrivée un jour de semaine, en plein milieu de l'année scolaire, mais je me souviens de ses cheveux rassemblés en deux petites nattes quand elle s'est assise là où on lui a dit de s'assoir et où il n'y avait personne avant elle et tous les regards s'étaient tournés vers cette nouvelle élève venue dont on savait pas où.

Parents militaires sans doute sans cesse en déplacement ça arrive tout le temps à cause de la caserne toute proche.

Quand j'ai vu son visage c'était bien plus tard et l'image de la nuque entre la racine des cheveux et l'arrondi des épaules s'était déjà bien installée dans ma tête la peau si blanche et transparente comme la tasse de porcelaine que j'avais pris sur l'étagère à la maison et laissé tomber, elle s'était cassée en plein de morceaux irréparables et j'avais pris une torniole par ma mère, alors quand je vois la nuque de Salvi qui est assis le rang devant moi pendant l'étude, il y a pas de fille à l'étude le soir après les classes parce que là c'est l'internat où il y a pas de filles c'est bien dommage, alors le petit Salvi avec sa peau pleine de boutons ça me fiche le moral par terre au point que je lui ai filé une torniole à la récréation pour me venger de ma mère et de la tasse en porcelaine et on a été pris par le surveillant parce que Salvi a crié comme un cochon qu'on égorge, donc tous le deux collés samedi et je rate la sortie le vendredi après les classes quand je peux la suivre sans qu'elle me voit en train de la suivre là où elle va au lieu de rentrer directement chez elle à la caserne militaire.

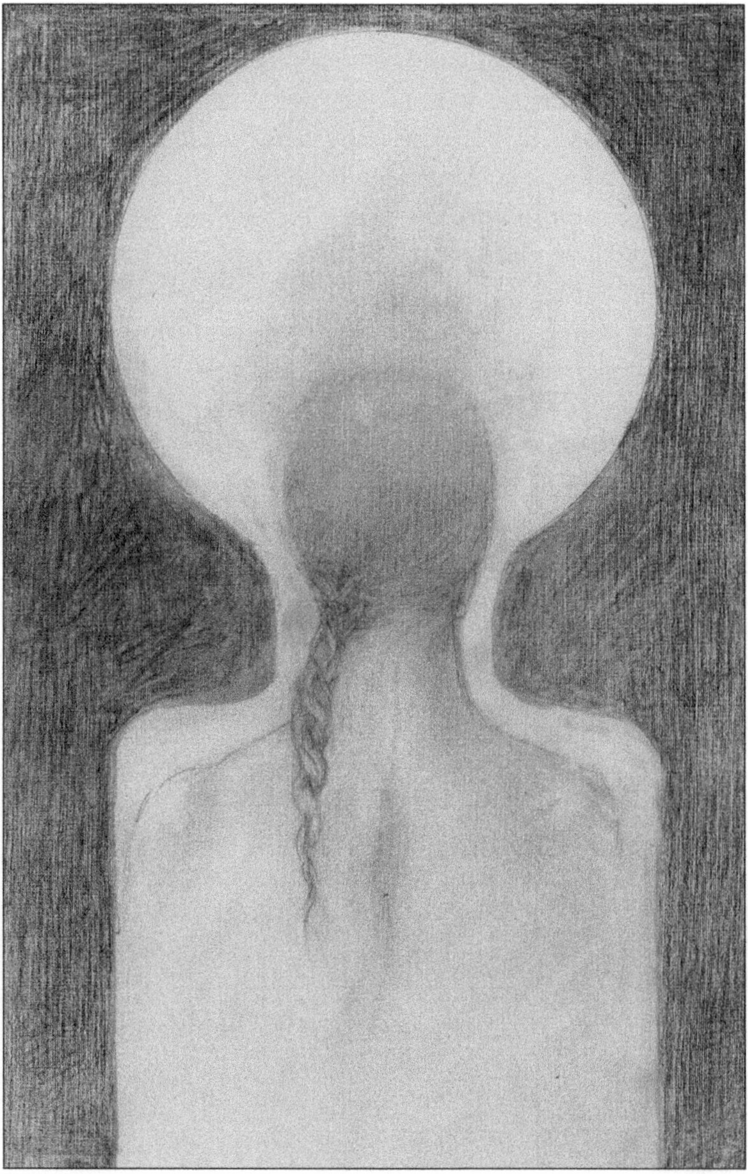

Mais un autre vendredi je la suis comme les autres fois presque jusqu'au bout mais pas complètement parce qu'à un moment si elle se retourne, elle va me voir et il n'y a plus d'entrée de porte ou de recoin dans lequel je pourrais me cacher pour qu'elle me voit pas, ça m'amuse aussi c'est comme dans les films policiers et c'est les films policiers que j'aime le plus et chaque fois j'arrête un peu plus loin je trouve toujours une cachette, les maisons sont toutes différentes avec des portes ou des entrées de garage où on peut se cacher et puis c'est une rue en pente avec des escaliers de toute façon elle se retourne jamais sauf cette fois-là où j'ai failli me faire prendre quand elle s'est retournée devant la porte d'une maison comme si elle voulait y entrer mais sans être vue. Je suis resté caché tout le temps et quand j'ai décidé de sortir de mon trou il y avait plus personne je savais pas si elle était entrée dans la maison ou si elle avait continué plus loin mais alors elle devait être loin, mais en face il y avait une autre cachette bien mieux où j'aurais pu voir sans être vu comme dans les films, et je me suis dit la prochaine fois et la fois d'après j'ai fait exactement comme ça avec la nouvelle cachette où je pouvais voir sans être vu elle s'est arrêtée devant la même maison elle a sonné à la porte et s'est retournée comme pour voir si on la suivait mais elle pouvait pas me voir et au bout d'un moment la porte s'est ouverte et là j'en croyais pas mes yeux c'était le prof de maths que j'avais eu en cinquième le vieux Carpentier qui devait bien avoir au moins quarante ans et que toute la classe pensait qu'il était un vieux salaud qui l'a fait entrer, j'ai même pensé une seconde aller sonner à la porte et lui dire quelque chose mais je ne savais pas quoi alors je suis reparti avec plein de questions dans la tête et j'ai pas honte de dire que j'avais des larmes aux yeux.

J'avais envie de dire à quelqu'un ce que j'avais vu mais pas à ma mère qui m'aurait dit que je ferais mieux de faire mes devoirs au lieu de suivre des filles dans la rue quant aux copains, Merlin par exemple, il n'en était pas question après la raclée que je lui avais filée pendant la récréation et les autres ils avaient tous plus ou moins des raisons de se débiner.

Alors je suis resté tout seul à essayer d'imaginer ce qui pouvait bien se passer derrière cette porte mais je n'arrivais pas à le faire et l'image de la nuque blanche et les deux tresses châtain foncé qui tombaient de chaque côté comme des larmes c'est tout ce que j'arrivais à voir même en fermant les yeux et la prochaine fois je resterai tout le temps qu'il faut pour voir combien de temps ça dure et quand elle va ressortir alors je ferai semblant de passer par là par hasard et je vais lui parler même si je ne sais pas bien ce je vais lui dire, je lui ai jamais parlé avant et donc ça va être dur mais quand même.

Pour l'instant elle n'a rien remarqué elle a juste accéléré comme si elle avait peur de rater le train moi je m'en fiche j'ai tout mon temps pour renter à la maison mon autocar est bien plus tard une heure d'autocar plus une bonne heure et demi à l'attendre, c'est pour ça que je suis interne toute la semaine du dimanche soir au vendredi soir c'est pas drôle d'être enfermé toute la semaine et surveillé comme si on était des criminels mais à la maison c'est pas drôle non plus surtout quand ma mère est de mauvais poil et que je casse quelque chose, c'est pas ma faute si j'ai des mains qui glissent mais aussi des fois je fais exprès de pas faire attention.

C'est surtout l'hiver que c'est triste l'internat quand c'est l'heure de l'étude, y a plus de couleurs dans le ciel alors ça sert à rien de regarder par les grandes fenêtres de la salle d'étude les oiseaux qui viennent s'installer dans l'arbre au milieu de la cour de récréation, l'arbre qui fait qu'on peut pas jouer au foot correctement. Quelle idée de mettre un arbre au milieu d'un terrain de foot, mais les internes ils n'ont droit qu'à un terrain de foot avec un arbre au milieu. Il n'y a que la tête de Salvi à voir et son cou tout couvert de boutons surtout qu'il a toujours le nez fourré dans un bouquin alors on voit encore mieux les boutons, il fait exprès pour qu'on ait envie de lui taper dessus. J'ai demandé à changer de place mais le surveillant m'a regardé comme si je tombais de la lune et ne m'a même pas répondu. Je savais bien que je perdais mon temps, tant pis si Salvi va prendre une autre raclée. Mais pendant que je pense à tout ça je l'ai perdue de vue elle va trop vite dans les escaliers. J'arrive à la hauteur de ma cachette mais il n'y a personne devant la maison du prof de maths j'arrive trop tard ça fait rien je vais attendre jusqu'à ce qu'elle ait fini et je ferai semblant de passer par là par hasard et je lui dirai : « Tiens salut qu'est-ce que tu fais dans le coin ? »

Mais j'ai même pas le temps de réfléchir à ce que je pourrais bien lui dire elle est derrière moi son nez à trois centimètres du mien à me faire une frayeur terrible je m'y attendais pas j'en laisse tomber mon cartable mais c'est surtout la voix qui colle pas avec la nuque et les deux tresses qui tombent de chaque côté comme des larmes, c'est une voix qui coupe qui déchire et ce quelle dit, qu'elle a bien vu que je la suivais quand elle allait chez Carpentier et qu'elle s'en fiche de ce que j'en pense et que si je la laisse pas tranquille elle va en parler à son père militaire et après c'est des choses terribles qu'elle dit sur moi et à quoi je ressemble et pourquoi tout le monde me déteste, et tout ça ça fait mal et sa bouche qui remue à toute vitesse au-dessus de son cou qui colle pas avec la nuque il est laid son cou avec une veine bleue qui gonfle alors je fais ce que j'ai toujours rêvé de faire même si c'est du mauvais côté je pose mes mains autour du cou avec les doigts qui se replient derrière sur la nuque et qui essayent de se rejoindre par derrière et même si elle essaye de se dégager je suis bien plus fort qu'elle et bien plus fort que Salvi ou même que le gros Merlin et elle arrête de m'insulter et même de crier après un moment elle dit plus rien elle a les yeux tout blancs comme si elle regardait à l'intérieur elle devient toute molle et gentille elle arrête de me donner des coups de poing je m'en fiche ça faisait même pas mal mes doigts sur la nuque s'enfoncent dans la peau comme si c'était la mienne.

Silence.

Elle est allongée sur le trottoir endormie, sa jupe à carreaux est retroussée jusqu'à la ceinture je n'ose pas regarder entre les jambes même si j'en ai envie mais d'un seul coup j'ai peur alors je pars en courant j'arrive en bas de la côte et je vois que j'ai oublié de ramasser mon cartable alors je pense aux romans policiers qu'il ne faut pas laisser des indices et je remonte les escaliers en courant avec les poumons qui brûlent et les jambes qui font mal là-haut jusqu'à l'endroit où elle est tombée je retrouve mon cartable mais elle n'est plus là elle a disparu la rue est vide comme s'il n'était rien arrivé.

Tout le week-end j'attends que le militaire sonne à la porte avec un fusil et demande à parler à ma mère mais personne ne vient sonner à la porte.

Le dimanche soir je dis à ma mère que j'ai mal au ventre et que j'ai de la fièvre ça la met de mauvaise humeur mais je ne retourne pas à l'internat, j'ai triché avec le thermomètre.

Je passe la semaine au lit à relire mes bandes dessinées et des magazines avec des histoires policières.

De retour le lundi suivant j'apprends qu'elle a quitté l'école et ne reviendra pas Carpentier aussi a quitté l'école mais ça je ne le saurai que plus tard.

Je demande la permission de prendre la place qu'elle occupait devant le gros Merlin juste derrière la grande Catherine qui a souvent une queue de cheval qui retombe sur sa nuque j'ai donc avancé de deux rangs dans la classe et ça me fait bien voir du professeur.

C'était il y a vingt ans et le souvenir de cette année-là ne s'est pas effacé comme ne s'est pas effacé le souvenir du merveilleux silence lorsqu'après avoir réussi à oblitérer complètement le bavardage du prof et que l'on a le regard accaparé par la nuque d'une toute jeune fille, assise deux rangs plus loin.

Après le bac que j'ai réussi à passer à la grande surprise de ma mère et à ma grande surprise également, j'avais dans la tête l'idée de faire du cinéma sans vraiment savoir ce que cela voulait dire mais sans parvenir à intégrer une école où l'on dispensait ce genre d'enseignement.

L'université ne m'inspirait pas et je ne devais sans doute pas l'inspirer en retour.

De petits boulots en grandes et petites déceptions je finis par trouver un poste dans une société qui s'occupait de la restauration de films. Là, j'acquis progressivement de plus en plus de responsabilité, pas tant grâce à mes talents propres mais à cause du renouvellement fréquent des employés que des méthodes de management peu scrupuleuses et des salaires insuffisants qui poussaient vers la sortie.

J'en vins à m'occuper de la restauration de films, de vrais films cette fois et non pas de transferts en numérique de souvenirs de vacances. Cela me rapprochait quelque peu de mes aspirations premières.

Récemment on m'a confié la restauration d'un film américain en noir et blanc que je n'avais pas revu depuis mes jeunes années malgré ma passion pour les films noirs : c'était *Le troisième homme* de Carol Reed, tourné à Vienne en Autriche juste après la guerre.

La restauration d'un film ressemble à ce que j'imagine être la restauration d'une mosaïque romaine, on regarde fragment après fragment, jusqu'au point où l'on parvient à voir derrière les choses qu'on voit qu'il y a d'autres choses qu'on ne voit pas ou si peu et derrière ces choses-là d'autres choses que l'on voit encore moins et puis de moins en moins les choses qu'on sait être là invisibles toutes sans jamais finir et on ne sait pas quoi faire de toutes ces choses qui existent même si on ne les voit pas.

Image par image, j'ai cherché dans les strates de noirs, de gris et de blancs, au milieu des poussières, des déchirures et des abrasions qu'il fallait faire disparaître, ce que la Vienne de ces années-là voulait ou nous dire, ou nous cacher, comme lorsqu'on cherche dans les ruines d'une maison les photos, les lettres et les objets, toutes les traces à même de reconstituer une histoire enfouie sous les décombres.

Image par image je voyais toujours de nouvelles traces, de nouveaux indices, des images enfouies sous d'autres images, des éclairs dans les ombres et des trous noirs dans les zones de lumière, toute une ville fantôme sous l'habillage élégant de la cinématographie.

J'y passai tant de temps qu'on a fini par me reprocher de traîner sur ce travail et on le confia à quelqu'un d'autre, et comme, je ne voulais pas m'en séparer on m'a mis à la porte avec un paquet de fric de quoi tenir un moment et une copie digitale complète du film de Carol Reed ce qui n'était pas légal mais sans que quiconque ne s'en aperçoive.

J'ai pris un billet de train pour Vienne en Autriche comme si j'avais, comme dans le film rendez-vous avec Harry Lime, autant dire rendez-vous avec une tombe.

Ma déception n'est pas venue d'un rendez-vous manqué avec un personnage fictif, ce dont je me doutais fort bien, mais avec la ville elle-même. On n'entre pas dans une ville étrangère comme on entre dans un film. Vienne avait perdu ses innombrables strates de noirs de gris et de blancs et l'on ne voyait nulle part l'ombre portée d'Orson Wells sur un mur près de s'effondrer. La couleur était partout arrogante, obscène, la ville n'avait plus rien à cacher sous une robe par trop transparente.

Il me fallut une bonne semaine pour trouver quelque chose qui satisfasse mon attente : une rue peu éclairée où l'on pouvait encore imaginer la ville meurtrie de l'après-guerre, un bistrot ordinaire où l'on devinait quelques rares personnes qui y trouvaient refuge contre une pluie pernicieuse et le froid de l'hiver. Les carreaux n'avaient pas été nettoyés et vus du dehors, les clients devenaient fantômes, figurants d'un vieux film en noir et blanc au-delà de la mise au point.

C'est là que je reconnus avec quoi, ou avec qui, j'avais depuis longtemps et sans le savoir, véritablement rendez-vous.

Elle n'a plus ses deux petites tresses tombant de chaque côté comme des larmes, ses cheveux sont maintenant coupés courts. J'ai immédiatement reconnu la nuque, et la fragilité troublante de cette peau semblable à de la porcelaine.

Elle est assise deux tables devant la mienne et me tourne le dos, je la regarde à travers le léger voile de vapeur qui s'échappe d'un deuxième verre de vin chaud.

Elle n'est pas seule, une autre femme du même âge sans doute, lui tient compagnie, toutes deux tiennent une conversation suffisamment sonore pour être perceptible à la distance qui nous sépare, mais dont je ne peux saisir le moindre mot n'ayant pas réussi à suivre les cours d'allemand au lycée. Celle qui me fait face porte des cheveux longs qui tombent régulièrement devant ses yeux, mais elle qui ne m'offre que le spectacle de sa nuque, d'un geste précieux relève une mèche, effleurant de la main la joue de son amie, s'attardant à recomposer la coiffure, les doigts séparant le flot de la chevelure qui s'écoule comme de l'eau.

Je me dis que jamais entre hommes on ne se comporte comme ça à se caresser les cheveux les uns les autres, surtout que les miens commencent à disparaître.

Leur conversation est rapide comme celles qu'auraient deux adolescentes, conversation entrecoupée sans raison par des fous rires, deux filles qui se moqueraient d'un garçon assis à une table plus loin et vers lequel elles lanceraient d'occasionnels regards furtifs. Mais celles-ci ne me regardent pas, et ne me regarderont jamais.

Le verre de vin me glisse entre les doigts, tombe sur mes genoux et finit par terre avec un bruit aigu comme une gifle, coupant net leur conversation.

Le liquide encore très chaud laisse une tache brune sur mon pantalon et une sensation de brûlure qui déforme sans doute mon visage que pourtant personne ne regarde.

Elle se retourne brièvement, le regard indifférent une fois l'événement reconnu comme sans intérêt.

Son visage a peu changé avec le temps, contrairement au mien et il lui aurait été impossible de me reconnaître, mais en se retournant elle déplace légèrement la chaise sur laquelle elle est assise et je peux voir maintenant que sous la table les jambes des deux femmes se cherchent et se touchent ne laissant aucun doute sur la nature de leur relation.

Je n'entends plus leurs voix, ni les bruits venant du bar, ni la pluie sur les carreaux, peut-être a-t-elle cessé.

Silence.

La tête me tourne et je vais aux toilettes réparer le dommage fait à mon pantalon et me passer la tête sous le robinet. L'image de cette nuque qui au cours des vingt dernières année avait fini par disparaître, revient avec une force à la mesure de celle qui l'avait contrainte à s'effacer. Comme une vengeance.

Lorsque je reviens dans la salle, les deux femmes ne sont plus à leur table. Je les vois par la fenêtre sur le trottoir. Elles y restent un long moment à converser.

Elle est dos à la fenêtre et lorsque son amie la prend dans ses bras elle incline légèrement la tête sur l'épaule de sa compagne et la lumière de l'enseigne du café se pose sur la nuque, tache blanche dans l'ombre de la rue.

Les deux femmes se séparent.

Les bruits reviennent.

Je quitte le café au plus vite elle marche devant moi contre le froid et un vent d'hiver qui soulève et fait retomber la fumée de quelques cheminées.

Vienne est à nouveau faite de strates noires, grises, et blanches.

Elle s'avance à l'encontre d'une lumière lointaine et très forte qui donne à sa silhouette une présence incertaine.

Sans doute, mais il n'y a personne pour le voir, son ombre projetée sur un mur aveugle grandit.

Le bruit de ses pas sur les pavés humides résonne les miens ne se font pas entendre je sais qu'elle ne se retournera pas jamais elle ne se retournera même quand je poserai mes mains sur le haut du dos de chaque côté de la nuque les doigts entourant le cou mes mains glissant l'une vers l'autre cherchant à se rejoindre dispersant toute chaleur dans une étreinte dure et froide comme de la porcelaine étouffant toute parole. Vienne est une ville silencieuse et grise et cette fois-ci je ne lâcherai pas.

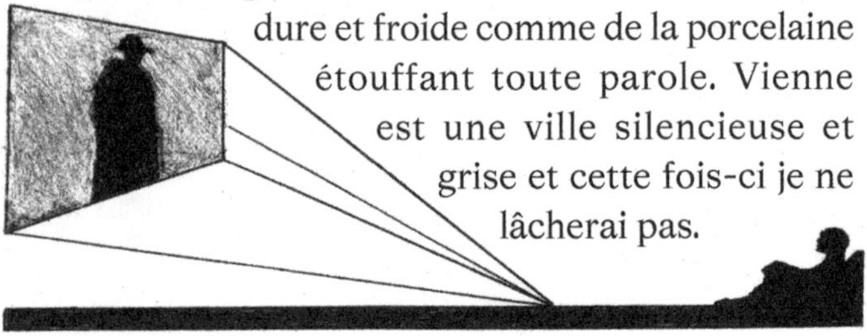

UNE BRÈVE HISTOIRE DU XXIIe SIÈCLE

1er tome
Janvier 2100-Mars 2110

Préface

L'historien travaille au centre d'un cercle qui contient toutes les dimensions du temps et de l'espace. Il en repousse comme il peut les limites et s'efforce à en agrandir la circonférence. La distance qu'il maintient avec cette figure, une position toute en hauteur sur une dimension unique perpendiculaire à celle-ci garantit son objectivité.

Cette métaphore vaut ce qu'elle vaut, et il faudra s'en satisfaire, à moins d'en préférer une autre, qui bien que diamétralement opposée, pourrait me contenter tout autant ; la voici : l'historien est semblable à un rongeur perdu dans le labyrinthe d'un laboratoire de recherche sur la cognition animale, cherchant frénétiquement à trouver une issue, tout en grignotant au passage les miettes parsemées ici et là par un laborantin soucieux de ne pas le laisser dépérir. Ce dernier n'est pas sûr que ce pauvre animal puisse jamais trouver la sortie.

Dans le premier cas, l'historien assume une position centrale dans le domaine de sa recherche, il y règne ; dans l'autre il ne fait que profiter misérablement des découvertes faites au hasard de ses errances répétées.

Je ne trancherai pas entre ces deux métaphores, car l'historien est tout à la fois un démiurge qui tient en cercle autour de lui l'espace et le temps, mais il est également, un rat de laboratoire, dont souvent on oublie l'existence.

Avant de poursuivre, je dois rappeler la situation étrange dans laquelle cette discipline dont je m'honore d'être un représentant se trouve actuellement.

Il y a quelques mois, une réunion de la plupart de mes éminents confrères eut lieu, afin, et afin seulement, de prononcer une réfutation sans appel de mes travaux, (soit dit en passant, qu'ils s'en étaient largement servi sans avoir jamais eu l'honnêteté de le reconnaître) et de jeter l'opprobre sur ma personne.

Malheureusement pour eux, lors d'un de ces bombardements qui étaient déjà fréquents à cette époque, l'immeuble qui abritait cette réunion s'effondra, bloquant toutes les issues, les enfermant dans une souricière dont ils ne purent sortir vivants. Pour une fois les artilleurs situés de l'autre côté de la ligne de front avaient judicieusement ajusté leur tirs, rendant ainsi à notre discipline, un service considérable. L'on ne regrettera pas, sinon leur présence, du moins leurs travaux, la médiocrité de ces derniers ayant été irrévocablement démontrée. (Voir l'article que j'ai mis en ligne il y a quelques années à ce sujet.)

Cet ouvrage tente donc de remédier autant que possible, à un vide regrettable, tant pour la communauté scientifique que pour un public plus large que l'Histoire passionne.

Je dois également souligner que les éditeurs qui, aveuglés par leurs préjugés, avaient toujours ignoré mes travaux, n'étaient pas toujours prêts à m'accueillir au sein de leur maison, il fallut les convaincre qu'il n'y aurait pas, et cela pour longtemps, d'autres ouvrages à même d'être publiés.

De là à me signer un contrat à la mesure de mes efforts et de mon talent, ce fut une bataille de plus que je dus mener afin d'obtenir satisfaction. Mais comme on dit parfois : « À la guerre comme à la guerre ! »

Me voilà donc maintenant à même de faire découvrir au lecteur les résultats des recherches qui m'ont occupé à longueur de journée et fort tard dans la nuit pendant de longues années.

La tâche qui consiste à donner vie à la période du début du XXIIe siècle, objet du premier volume (il y en aura neuf autres, un par décennie), est d'autant plus délicate qu'une littérature et une filmographie abondantes en ont donné une image dévoyée, ne prenant en compte que les aspects spectaculaires et artificiellement dramatisés des événements représentés, cela de manière particulièrement fantaisiste, en faisant fi de toute vraisemblance. Elles ont également donné une image exagérément flatteuse du comportement de certaines populations (en particulier de celles qui étaient à l'origine de ces productions), au détriment de celles qui leur étaient opposées, au risque d'exacerber les tensions entre les différentes communautés impliquées dans ces événements. (Il en est de même pour les événements actuels.) Mais ce n'est, ni le lieu ni le moment d'évoquer des livres ou des films qui seront sans doute vite oubliés, et ce d'autant plus que la plupart des cinémas ont été récemment détruits, ainsi que, et malheureusement, de nombreuses bibliothèques ; il est donc de la plus grande importance, et c'est bien le but de cet ouvrage, de redonner à cette période une image digne d'une véritable scientificité.

Tout au long de ce premier volume, je ferai mention des difficultés rencontrées en l'absence de données exploitables et de l'obligation de recourir à l'imagination pour recréer ce qu'elles devraient être et sans laquelle l'écriture de cet ouvrage n'aurait pas été possible. Cela me sera reproché, je n'en doute guère, mais je fais confiance au lecteur de bien vouloir comprendre qu'il eût été difficile de faire autrement. Un livre d'Histoire ne saurait exister sans que l'imagination, (le pouvoir de créer des images,) joue un rôle sinon central, du moins non négligeable. À noter cependant que l'imagination de l'historien diffère de celle de l'écrivain de fiction en ce sens que ce dernier couche sur le papier tout ce qui lui vient par la tête sans autres préoccupations que celles de plaire, tandis que l'historien vient combler des trous dans le puzzle que constitue le récit historique en reconstruisant les pièces manquantes, ces dernières démontrant par leur cohérence avec les pièces authentiques, leur véracité comme leur congruence. Il n'est donc pas interdit à l'historien de saupoudrer, bien qu'avec parcimonie, un peu de fiction dans la restitution des périodes décrites.

Cela n'a certainement guère manqué à mes prédécesseurs, (cette bande de muridés paresseux,) au point qu'il ne s'agissait pas de saupoudrage fait avec élégance, mais plutôt d'étalage de couches de graisse si épaisses que leurs productions en devenaient indigestes. Il m'importe donc, au travers de cet ouvrage, de redonner à l'Histoire la place qu'elle mérite au panthéon des sciences humaines, de lui restaurer sa dignité, au moyen d'une prose claire et accessible à tous.

La question principale qui se pose avec une constance impérieuse et à laquelle il m'est impossible de me soustraire, est la question même de la place que l'Histoire occupe dans notre société (ou de ce qu'il en reste). Je vais donc tenter d'y répondre.

On a longtemps prétendu qu'à force d'ignorer l'Histoire, les peuples étaient condamnés à la reproduire, ce qui tendrait à penser que l'on a de tout temps négligé ou ignoré totalement cette dernière, puisque, de toute évidence l'Histoire ne cesse de se répéter. Alors, à quoi bon travailler, chercher, réfléchir et perdre son temps à noircir pages et pages à n'en plus finir, si personne n'en tient compte, alors que la principale mission et raison d'être de cette science est d'informer ceux dont le devoir est de faire en sorte que l'Histoire ne se répète pas.

En écrivant ces lignes, je dois avouer que le courage me fait défaut, que la plume me tombe des mains, (bien qu'en fait de plume je ne me serves que d'un vieil ordinateur qui ne fonctionne guère plus mal que les modèles plus récents, il ne manquerait plus que je sois tenu à me servir d'une plume,) je m'accorde donc une pause, je me dirige vers la fenêtre pour me rendre compte des modifications apportées au paysage que présente la rue où j'habite après les dévastations encourues la semaine passée, malgré le cadre restreint mais néanmoins suffisant, que constitue cette ouverture. Par exemple : la voisine d'en face semble avoir réparé les vitres explosées de sa cuisine, je me demande où elle a bien pu trouver du vitrage par ces temps difficiles ! Sans doute au marché noir, elle a toujours eu de bonnes connexions, même au plus profond du malheur, il est toujours utile d'avoir de bonnes connexions, pour autant, ça ne lui rendra pas son mari parti faire le soldat. Mais comme dit la chanson : « Marlborough s'en va en guerre, Dieu sait quand reviendra. » Je me souviens enfant avoir entendu maintes fois cette chanson. Combien d'enfants l'ont entendue, qui devenus adultes en ont malheureusement oublié la morale, mais c'est ce qui fait la fortune des historiens. (Encore faudrait-il que les historiens fassent fortune, si cela était le cas, cela signifierait qu'on les lit et qu'on les écoute, mais malheureusement il n'en est rien.) Mais l'histoire du pauvre Malborough parti en guerre ne nous concerne guère au regard de la décennie qui nous occupe et elle risque de nous éloigner de notre projet, bien que dans certains cas, prendre quelques distances avec son propre texte, que celles-ci soient spatiales ou temporelles, peut occasionnellement en déplaçant le point de vue, apporter un regard différent sur les événements que l'on étudie et en éclairer les points obscurs, de sorte que ce qui peut apparaître comme des digressions inopportunes en viennent parfois à constituer d'intéressantes contributions. Mais je prie néanmoins le lecteur de croire que je ne me laisserai pas aller à de semblables écarts, sans la conviction profonde de leur utilité.

Puisque ceci est censé être une préface, (j'aurais aimé que quelqu'un d'autre s'en charge, mais en ce moment, il est difficile de trouver quiconque à même de rendre ce genre de service,) je voudrais clarifier un certain nombre de choses : une préface n'est pas seulement une manière de préparer le lecteur au texte qui va suivre, à la manière d'une sorte d'apéritif qui aurait pour fonction de faire oublier le repas indigeste que l'on ne pourra pas éviter par la suite, mais également l'occasion de présenter la conception que l'historien se fait de son travail, les méthodes qu'il emploie, de préciser sa position, l'angle sous lequel il observe les éléments au cœur de son récit et éventuellement toutes les modifications qu'il pourrait y apporter au cours de l'ouvrage.

Par exemple : en ce qui me concerne, je me passerais bien d'adopter tout point de vue autre que celui d'un chien errant, ou d'un charognard quelconque, perdu au milieu d'une immense décharge publique. Vue de loin, toute période historique se présente comme un immense champ de ruines où les destins, les drames individuels et collectifs ont été ou seront avec le temps recouverts de multiples couches d'éléments divers en état de putréfaction. Posons la question :

est-il raisonnable de chausser des bottes, d'enfiler des gants de protection et de commencer au milieu des immondices à déplacer les peaux de bananes et les chiens crevés ?

Ne vaudrait-il pas mieux se contenter de recouvrir le tout d'une chappe étanche, d'un sarcophage de béton et d'acier, afin qu'aucune émanation nauséabonde ne puisse s'en échapper ? Mais c'est le travail de l'historien, nous dit-on, de faire en sorte de polluer le présent par ce qu'il ramène de son voyage dans le temps.

Connaître l'Histoire éviterait, dit-on, d'avoir à la répéter. Faites-moi rire ! L'Histoire ne sert à rien, mais vous êtes tellement convaincu du contraire que je n'arriverai pas à vous dissuader de continuer cette lecture. Eh bien, cher lecteur ! Faites donc ! Et ne vous préoccupez de rien. Je vais continuer à écrire, écrire est devenu pour moi une seconde nature au point que je peux facilement continuer à noircir des pages et des pages tout en rongeant un morceau de fromage, tout en jetant à la poubelle les lettres de refus à peine polies que je reçois de différents éditeurs ; tant pis pour eux : ils ne savent pas ce qu'ils perdent.

Pourquoi avoir choisi précisément cette période ? La question est justifiée, (même si elle m'est souvent posée par défaut, faute d'imagination,) et l'on peut néanmoins, y répondre de diverses manières, mais y répondre, ne serait-ce pas, paradoxalement, en diminuer la pertinence ? Cette question plus que toute autre ne risquerait-elle pas de voir sa puissance évocatrice se dissoudre dans les réponses qu'on lui apporterait, quelque chose comme : Il ne s'agit donc que de cela ?

Mais je vous soumets une question toute aussi intéressante : une question à laquelle il est impossible de donner une réponse, (en l'occurrence une réponse vraie,) est-elle une vraie question ?

En conséquence de quoi je m'autorise à ne pas répondre à certaines questions auxquelles ni moi ni vous n'aurions de réponse.

Et puis à quoi bon répondre si toutes les époques se valent dans l'éternelle répétition de l'ignorance des causes et de leurs effets qui caractérise si bien notre façon de faire ; cette époque-ci ou une autre ? Autant prendre celle qui se trouve à portée de main, celle qui se présente avec la moindre résistance. Mais, me direz-vous, il s'agit là d'une période qui n'est pas encore advenue ! Je m'en expliquerai à l'occasion.

Mais, quand bien même on devrait répondre à cette irritante question, je pourrais invoquer le sentiment de sidération, qui serait le nôtre si nous avions en permanence en tête le fait que nous sommes les héritiers involontaires d'une histoire, d'une ascendance, et que nous sommes à notre tour porteurs d'un héritage à venir dont nous devrons assumer la responsabilité. Nous nous croyons indemnes, les drames et les souffrances dont nos ancêtres ont été les acteurs, comme ceux que nous laisserons en legs à nos descendants, nous les imaginons dans un monde très éloigné, trop éloigné pour en saisir la matérialité, pour pouvoir en revêtir le manteau, en porter la couronne, et cela quand bien même nous percevons au hasard de nos allées et venues, la présence d'inquiétants fantômes, mêlés à notre ombre propre.

Que les êtres agissent ainsi, dans l'insouciance compréhensible de cet héritage que l'Histoire leur transmet, cela nous confond et nous inquiète, lorsque revient à la surface, le savoir profondément enfoui que nous sommes capables d'agir de même, et que c'est exactement ce que malgré tout, nous ferons.

Si pour le moins nous avions la force et le courage d'ajouter à cet héritage quelque forme de testament ! Cela pourrait aider, cela faciliterait également mon travail, mais non ! Rien de tout cela, seulement des ruines mentales et physiques, un chantier interminable où les gravats s'amoncellent en une masse chaque jour plus grande, étouffant le moindre espoir de voir en émerger une quelconque construction.

À propos de chantier, comme celui que je vois par la fenêtre, avez-vous remarqué à quel point les couleurs en ont été effacées, comme si l'un des buts de ces opérations militaires était de créer un monde en noir et blanc, ou plutôt en noir et gris ? La couleur s'en est retirée et tout ce qui a servi à construire le monde auquel nous avons aspiré, s'en retourne à la terre, à la roche, à la nature indifférenciée, minérale, poussière, terne et incolore.

Il faudrait un peintre pour rendre compte de ces transformations, un peintre à qui on enlèverait les couleurs une par une, autant dire qu'on lui couperait les ailes et les jambes. La couleur a fui la guerre, première victime ou première réfugiée. Mais où part la couleur quand la guerre fait rage, et qui la récupère, et en quelle terre d'asile va-t-elle se réfugier ? Et si l'Histoire n'était pas autre chose qu'une histoire de couleurs qui vont et viennent, disparaissent et réapparaissent là où l'on s'y attend le moins ?

Pour ma part les couleurs me fatiguent, le blanc me repose, le noir m'inspire et il est plus facile d'y voir clair lorsque l'on se tient dans l'ombre.

La guerre, (pas seulement la guerre des Hommes entre eux, mais aussi celle des Hommes contre tous,) a rendu les formes imprécises, et confondu les espèces. Est-ce un échappatoire pour les unes comme pour les autres que de se transformer en fonction de la situation, est-ce une stratégie de survie ? Je doute qu'elle soit efficace, mais il est vrai qu'un éléphant aurait moins de chance qu'une souris de survivre sous cette pluie de projectiles.

Mais revenons à cette préface, puisqu'il est d'usage au début de tout ouvrage de mettre les choses bien au clair, au point même de rendre le reste de l'ouvrage totalement inutile, et parlons Histoire. Pas celle de mes collègues décadents et chlorotiques, qui avec une froideur sépulcrale se satisfaisaient d'une énumération des faits en bon ordre chronologique et présentée d'une manière tout aussi lancinante qu'une récitation de bon élève qui se fiche complètement de ce qu'il raconte. Tous ces ratons de bibliothèque, ces ragondins d'amphithéâtre, n'ont jamais compris que l'Histoire se déclame, s'apostrophe, se crie, se hurle, que l'Histoire est faite de passions, de violences inouïes, et que la voix qui la porte doit faire de même en recrachant l'Histoire à la face même du présent. Sinon à quoi bon compter les bouses à la fin de l'encan ? L'historien, le vrai, postillonne, crache et arrose son lecteur de toutes les salissures qu'il ramène du fond de l'Histoire, il avance avec l'allure désordonnée d'une armée de sans-culottes, de va-nu-pieds, de brigands, il ramène avec lui le fond diffus de la colère des masses, des vaincus et des laissés-pour-compte, des ambitions paranoïaques et meurtrières, des appétits insatisfaits, des haines stériles. Son éloquence est mal élevée, son parler vulgaire et son haleine empeste.

Écrire l'Histoire, c'est ouvrir des fosses communes, exhumer des cadavres, tenir entre ses mains des crânes et plonger son regard dans leurs orbites vides sans pouvoir comme Hamlet, en tirer quelques vers inoubliables, c'est faire l'impossible tri des utopies jetées à la poubelle, des illusions enterrées, des gestes qui se sont retournés contre leurs auteurs pour les mordre et les anéantir, ne parlons même pas des rêves : ils se sont toujours transformés en cauchemars. Pour son malheur l'historien ne rêve pas, il dort peu ou mal. Le voyage dans le temps que constitue son travail quotidien lui fournit un lot d'invraisemblance en quantité suffisante pour rendre banale toute fantaisie onirique.

Alors, pourquoi donc écrire ? Peut-être ne suis-je pas capable de faire autre chose ? Je fouille, je regarde, je note des faits, je fais des listes, je concocte des sauces dans lesquelles je cuis ce que j'ai laborieusement recueilli dans mon panier, j'y ajoute des épices au petit bonheur la chance, il faut bien relever le ragoût, et nourrir son lecteur.

Non, la voisine n'a pas remplacé les carreaux de ses fenêtres avec du verre, elle a utilisé du papier trempé dans l'huile pour le rendre translucide, c'est assez malin, une vieille recette qu'elle a sans doute recueillie dans un livre d'Histoire. Mais où a-t-elle pu trouver de l'huile, alors qu'on ne trouve plus rien ?

Dehors il n'y a pas grand-chose, de temps à autre le long gémissement d'une sirène, interrompu par un hoquet soudain. Un véhicule militaire passe dans la rue sans qu'on puisse distinguer s'il est ou non habité, un nuage de poussière rampe le long des façades, ni le soleil, ni la pluie ne prennent part à la fête. Les explosions se sont éloignées, laissant une impression de travail inachevé. Je pense que je suis la seule personne au monde qui accorde encore son temps à une tâche intellectuelle, tâche tout à fait inutile en ce moment où la seule occupation possible consiste à parier sur sa propre survie.

Mais quelle est cette fatigue qui me tombe dessus sans prévenir ? Cette promenade sur le fil du temps, quelle épreuve ! L'escalier est raide, les marches inégales. Les étages se suivent sans qu'on n'atteigne jamais une mansarde sous les toits. Je n'habite d'ailleurs pas une mansarde sous les toits, j'ai un appartement tout à fait respectable pour un historien, dans un immeuble ancien et bien tenu malgré les bombardements.

Le concierge, un jeune homme agréable est lui aussi parti à la guerre, Dieu sait quand il reviendra. Quant aux autres habitants de l'immeuble, au prix de décisions hâtives autant qu'hasardeuses, ils sont tous partis à la campagne, pensant y trouver un peu de sécurité.

Si j'ai choisi de rester chez moi, cela tient à ce que la guerre est bien plus spectaculaire en ville qu'à la campagne, (quand on bombarde une ville, on est sûr de toucher quelque chose,) et quand on fait de l'Histoire, il faut prendre en compte qu'elle se donne en spectacle, sans pudeur ni retenue. Alors, je laisse la fenêtre grande ouverte et laisse l'Histoire entrer. Cet hiver, avec le froid, ce sera plus rude, ma pelisse en fourrure n'est plus de la première jeunesse.

Mais en ce qui concerne le futur, on le regarde comme on regarde le passé, en miroir du présent, lui-même une image inversée mais parfaitement reconnaissable, image d'une autre image plus ancienne, et cela autant de fois que l'on s'en souvienne, dans l'itération des réflexions alternées, basculant tantôt à droite, tantôt à gauche. Mais s'il ne s'agit jamais du même miroir, chaque réflexion ne s'en trouve pas moins à chaque fois altérée.

Alors je déchiffre par la fenêtre ce que le monde a peut-être été autrefois comme ce qu'il deviendra plus tard.

Tiens ! La voisine ne se montre plus, il se pourrait bien que son petit cadavre desséché se retrouve à même le sol de son minuscule appartement, à peine un terrier, sans que qui que ce soit ne s'en émeuve, on meurt bien seul par les temps qui courent !

Mais moi, que peut-il m'arriver ? On ne tue pas les historiens. Ils sont comme le soldat que le vainqueur épargne pour qu'il puisse rapporter à son camp l'issue désastreuse de la bataille, ce qui prouve que ce n'est pas le héros qui fait l'Histoire, mais bien l'historien.

Je ne sors jamais de chez moi, tout d'abord, c'est trop dangereux, d'autre part cela ne servirait à rien, la vue de ma fenêtre me renseigne parfaitement sur ce qui se passe. Mais en fait, se passe-t-il vraiment quelque chose ?

La lumière, l'ombre, le vent, les bruits me suffisent, et de toute façon, c'est toujours la même chose, il suffit de changer les dates.

Je ne m'ennuie pas, je ne m'ennuie jamais, mon appartement contient le monde entier et le monde entier n'est rien comparé à ce que contient mon appartement ; parce que là s'y trouvent tous les mondes passés, présents et à venir. Je les tiens en bon ordre, dans le cercle dont j'occupe le centre, comme une araignée au milieu de sa toile, et pas un seul ne peut m'échapper.

Bien sûr il arrivera un moment où mes provisions seront épuisées, je pourrai toujours ronger les câbles électriques cachés dans les cloisons dont la gaine dit-on, contient de l'amidon de maïs très sucré, à condition bien sûr, de ne pas mordre deux fils en même temps.

Le soleil se couche, le soleil se lève, je ne dors pas, je m'assure du passage des heures et de la répétition des jours et des nuits, il n'y a que les chiens errants qui osent encore s'aventurer dans les rues et ce vide

entre les immeubles ne sert plus qu'à faire circuler la fumée empoisonnée des incendies. Même la pluie ne vient plus s'y poser de peur de se salir. Alors j'écris la répétition qui se cache sous ces apparences dont il faut détacher les couches avec délicatesse.

Voyez-vous cette guerre qui revient sans cesse, et secoue la terre pour faire s'écrouler les immeubles, c'est toujours la même, mais avec des atours différents, et à chaque retour elle revient plus grasse, plus maquillée ; en est-elle plus séduisante ? C'est la même qui ne finit jamais de grandir. L'historien ne cesse de saluer son retour, il se souvient de toutes ses apparitions, il connaît le calendrier de ses prochains rendez-vous. C'est tout cela que mes infortunés collègues ont compris de travers lorsque j'ai introduit le concept d'Histoire prospective, (je vous avais promis une explication,) ils n'ont pas vu ce retour inévitable du même dans les semences que l'on avait enfouies à même le terreau de l'Histoire. À quoi bon raconter une fois de plus la bataille de Waterloo ou la prise de Constantinople, la chute de l'empire romain ou la fin de la royauté britannique. Cela n'intéresse plus personne. Jusqu'à présent, l'Histoire ne s'occupait que du passé et de la longue litanie des événements où l'un se présentait comme la cause de celui qui allait suivre et cela siècle après siècle, décennie après décennie, puis année après année, jusqu'à l'obstacle prétendument infranchissable du présent où là, tout s'arrêtait, finie l'Histoire ! On attendait que quelque chose se passe, en oubliant que ce quelque chose aurait ses racines dans le présent, et que rien alors n'interdit d'en imaginer le déploiement. C'est là que commence l'Histoire prospective, un nouveau chapitre dans l'histoire même de l'Histoire, une révolution dans les sciences humaines, dont je suis l'initiateur et qui m'a donné des années d'avance sur mes collègues. Bien sûr, il faut s'attendre à ce qu'on me fasse toutes sortes de critiques, les gens jaloux ne manquent pas, et pires sont ceux qui n'ont aucune imagination. Mais je ne vais pas m'étendre sur la théorie de l'Histoire prospective pas plus que sur ses fondements scientifiques, car, dit simplement, il s'agit d'ouvrir les yeux sur ce qui se passe et en tirer toutes les conséquences. Par exemple, n'avais-je pas prévu le résultat de la Coupe du monde de football en 2030, où à la 55e minute de jeu le pénalty tiré du pied gauche par Bolumir Spèpanovitch était passé au-dessus de la barre horizontale du but adverse, avec pour cause les troubles advenus en Autriche, (organisatrice de jeux, faut-il le rappeler) et pour conséquence l'annexion de la Serbie ? (Chose qui se serait passé de toute façon, sous d'autres prétextes. Il faut cependant souligner qu'avec un résultat tout autre lors de cette rencontre, des événements identiques se seraient tout de même déroulés en prétextant n'importe quoi.)

Et puis n'oublions pas que le récit porté par l'Histoire prospective appartiendra au passé dès que se dérouleront les événements qu'elle aura auparavant anticipés, et donc fera partie en toute légitimité de l'Histoire dite traditionnelle.

Et puis franchement, tout le monde s'en fiche.

Je vais fermer la fenêtre, tant pis si l'Histoire ne rentre pas, pendant qu'au-dehors se dissipe l'aigre odeur des cadavres qu'on ne peut enterrer faute de vivants. Je vais retourner à l'écriture de l'Histoire à venir, avec opiniâtreté et en toute possession des armes scientifiques à ma portée. J'ai hâte de tirer délicatement le fil des événements passés et actuels, de mettre à nu la trame temporelle de l'Histoire, et d'y renouer point par point le tissu de l'avenir.

Bien sûr, on ne manquera pas de m'objecter, qu'en dévoilant l'avenir, on serait à même d'en influencer le déroulement, mais je répondrai que cette influence possible, n'est pas inéluctable, et qu'elle est prise en compte dans toutes les hypothèses que je vais avancer, et qu'un argument de cette sorte entraînerait un raisonnement circulaire, une boucle paralogistique, un sophisme en fait, qui ne mènerait à rien. D'autant plus qu'il faudrait trouver un seul lecteur suffisamment averti et à même de pouvoir agir sur le cours des choses. Là, il ne faut pas rêver !

De toute manière, ni les hommes politiques ni ceux qui détiennent le pouvoir d'agir sur le monde ne s'intéressent à l'Histoire, passée ou à venir, ils sont trop occupés à prendre des décisions comme on joue aux dés, et par contre ne prennent jamais le temps de lire.

Dans la rue aucun être vivant ! Pas même les chiens errants qui peu de temps encore peuplaient la ville. Sans doute, faute de nourriture, se sont-ils mangés les uns les autres. Je n'entends plus les bruits, (pour ne pas dire le vacarme,) des opérations militaires auxquelles je m'étais habituées, les missiles ou les roquettes dès le matin au petit déjeuner, les obus et les bombes incendiaires à midi, puis les tirs de mitrailleuses l'après-midi jusqu'au soir. Je ne me souciais plus des gigantesques coups de tonnerre des explosions, des sifflements qui cartographiaient les trajectoires des fusées dans le ciel, des aboiements de centaines de chiens juste après les impacts, des bruits des immeubles qui s'effondrent en cascade. En fait, j'écoutais la musique de l'Histoire. Mais ce silence, au lieu d'un repos bénéfique, n'offre guère qu'une sourde inquiétude. La fin de la guerre, un cessez-le-feu ? Ce n'est pas dans le champ de mes prévisions, bien que mes recherches concernent des événements à bien plus long terme.

Ce n'est qu'une pause sans doute, un temps de réflexion, de doutes peut-être, bien que les militaires soient en général immunisés contre ce qu'ils considéreraient comme un handicap majeur. Imaginez : « Dois-je vraiment reposer le bout de l'index de ma main droite, (les militaires sont majoritairement droitiers comme le reste de la population,) et exercer sans trembler et en toute connaissance de cause une pression sur le gros bouton rouge ? Ou le laisser un moment suspendu à une distance certes à peine perceptible mais néanmoins prudente de celui-ci, laissant passer l'opportunité somme toute assez exceptionnelle de manifester le pouvoir d'agir dont je suis investi ? » À cela je connais la réponse : c'est le doigt qui commande, il est éduqué, entraîné, conditionné pour ça, il n'appartient même plus au militaire mais à l'armée elle-même, au pouvoir, même si cette chose indéfinissable est difficile à localiser. Le bouton, lui, s'enfonce comme s'il n'avait besoin de personne, ni de la main, ni du bras et encore moins de la tête du militaire pour agir, les contacts électriques s'établissent, l'information circule et agit sur l'objet qui est à l'autre bout de tout ce système de transmission, si loin géographiquement mais si proche quand on pense au peu de temps écoulé entre l'acte effectué au moyen de la pression effectuée par son index et la réaction de l'objet lui-même obéissant à l'impulsion électrique. Ce dernier s'envole vers le ciel dans un nuage de feu, de suie et de pollutions délétères. Libéré de la gravité, il décrit une longue parabole au milieu des cieux, visite guidée vers le Paradis jusqu'à ce que la fatigue le fasse retomber sur Terre pour y semer terreur et destruction.

Tiens ! Les bombardements ont repris, j'ai eu tort de m'inquiéter comme si l'Histoire pouvait s'arrêter. Car si la marche de celle-ci peut emprunter des vitesses aléatoires, c'est encore et toujours la même chose, même si ce « même » est toujours quelque chose de différent.

Une explosion toute proche a créé un vide et aspiré toute l'atmosphère aux environs (étrange manière de faire le ménage), jusqu'à ce qu'un nuage de fumée et de poussière vienne reprendre sa place avec une violence parallèle à celle qui l'avait aspiré.

On dit qu'il est impossible de s'habituer au fracas des explosions, d'autres disent que les moments de silence sont plus difficiles encore à supporter, comme on ne peut jamais prévoir leur durée, on attend. Moi je ne ressens plus rien, même quand l'immeuble tremble, que les meubles sursautent, que le plâtre se détache du plafond, que les rideaux s'envolent et que les rides, qui au terme de longues années ont marqué sur ma peau des courbes de niveau, frémissent comme des vagues par temps de tempête, tout cela me laisse froid, au degré zéro comme il sied à tout scientifique. Je ne ressens rien, parce que tout est à écrire, le temps passé comme le temps à venir et que je n'ai pas le temps de m'émouvoir. Je suis un seigneur de guerre, mon arme est l'écriture, et je manie la haine et l'amertume avec la dextérité d'un combattant aguerri.

À voir ma silhouette couchée sur une rame de papier, on pourrait me croire mort, mais j'écris sans cesse, comme d'autres respirent. D'ailleurs, l'écriture est une respiration, elle soulève et retombe, enfle et désenfle, son rythme connaît toutes les variations des troubles pulmonaires, mais également les immanquables retours du même.

Au cas où le sort de ma voisine m'eût inquiété, je n'aurais plus maintenant aucune raison de m'en faire, son immeuble vient de s'effondrer, dignement, sans faire trop de bruit, tout en limitant raisonnablement la quantité de débris répandus dans la rue.

Comme si un rideau venait d'être tiré, un surcroît de lumière s'est d'un seul coup répandu dans la pièce où je me trouve, les nouvelles perspectives au-delà de la fenêtre offrent un nouveau champ d'exploration. Il existe encore l'apparence d'une ville, bien qu'en mauvais état, dont on pouvait auparavant douter de l'existence, et l'ironie manifeste une fois de plus sa présence sous-jacente en révélant au milieu du champ de ruine, un ancien cimetière.

Quelques animaux sauvages, sans doute évadés du zoo traînent hagards dans la rue. Ils sont à moitié chiens, à moitié chats, sans doute des charognards, (je n'ai aucune compétence en zoologie,) en tout cas ils ont dû proprement chasser du quartier les espèces domestiques abandonnées par leurs maîtres. C'est le temps des barbares à tous les étages. On les voit sortir dans les rares moments d'accalmie, comme s'ils étaient tenus informés du calendrier des opérations militaires.

De ma fenêtre je regarde le ciel où les traces argentées qui suivent les avions de chasse et les bombardiers dessinent la géographie de leurs mouvements, sur un fond d'un bleu anémique que tachent quelques nuages venus d'en bas, en provenance des incendies. Mais voilà qu'au milieu de ce dessin abstrait une déchirure se produit : une éclaboussure d'encre rouge et noire venue d'un tout petit point tout au centre, et qui vient obscurcir le ciel tout entier et remplir l'espace d'un vacarme dur comme du bronze.

Maintenant je me faufile le long d'interminables couloirs souterrains, j'ai quitté l'appartement non pas par l'ascenseur qui, bien sûr ne fonctionnait plus, mais en dégringolant l'escalier, quatre à quatre et sans m'arrêter au rez-de-chaussée, jusqu'aux caves où je n'avais jamais mis les pattes, puis encore plus bas, là où se trouvent, avec la chaufferie, les cuves à mazout, puis, encore plus loin, un étroit boyau où s'évacuent les eaux de pluie au bout duquel d'autres souterrains s'ouvrent et relient sans doute les immeubles voisins construits plus ou moins à la même époque.

La raison de ce départ précipité ? La certitude que l'immeuble où je me trouvais était la cible d'un tir imminent dont j'aurais pu décrire la trajectoire et ce qui devait traverser le toit, exploser au dernier étage et le détruire, entraînant dans sa chute tous les étages situés en-dessous, avec pour conséquences désastreuses, l'interruption de mon travail et la certitude qu'il ne puisse jamais être achevé.

Bien sûr, la peur ! Vous devez certainement penser à la peur qu'en toute logique j'ai dû ressentir, lorsque les étages s'effondrent les uns sur les autres, du haut vers le bas et en cherchant à vous rattraper. À jouer à qui ira le plus vite, un immeuble qui s'écroule a toutes les chances de gagner. Mais la peur n'est pas qu'un stratagème de survie, elle donne des forces insoupçonnées et lorsque celles-ci se trouvent être insuffisantes, la peur invente, elle imagine des solutions, même les plus invraisemblables, comme un écrivain qui ne sachant pas comment se sortir d'une histoire qui n'a ni queue ni tête, oublie toute logique et laisse libre cours à sa fantaisie pour arriver à poursuivre son récit (et ce faisant demande à son lecteur d'avoir la gentillesse de ne pas s'arrêter à quelques inconsistances).

Alors la peur, sachant qu'un homme de taille moyenne, handicapé par un léger surpoids, et d'âge avancé, n'a aucune chance d'échapper à l'écroulement progressif, mais néanmoins extrêmement rapide d'étages lancés à sa poursuite, fait en sorte de modifier la nature même de son enveloppe corporelle et de lui donner une morphologie plus à même d'assurer sa survie, tout en s'assurant, qu'une fois la métamorphose achevée, (et probablement de façon irréversible,) elle sera adaptée à un nouvel environnement.

Je m'étais bien rendu compte, lors de ma course dans les escaliers, qu'une chose tout à fait inhabituelle était en train de se produire qui affectait mes capacités physiques et mentales, (une nouvelle agilité, une puissance musculaire inattendue,) je découvrais avec plaisir les avantages qu'elle me procurait. Je voyais l'environnement croître à vue d'œil et prendre des proportions gigantesques, et malgré cela, je me voyais bondir de paliers en paliers, plonger dans le vide par-dessus la balustrade et retomber sur mes pattes sans aucun dommage. Une forme toute neuve, un corps nouveau, et dans lequel je me sentais parfaitement à l'aise. Je n'avais aucune idée de ce à quoi je pouvais bien ressembler ; (il n'aurait pas été prudent de s'arrêter pour se contempler dans un des miroirs placés à chaque palier, et qui de toute façon avaient été brisés par l'onde de choc lors de l'explosion.) Cette nouvelle enveloppe m'avait donné un réel espoir d'échapper à une mort plus que probable. À ce moment-là je ne me rendais pas compte du chemin à rebours de l'évolution que la peur m'a fait parcourir jusqu'aux embranchements anciens où les espèces se sont autrefois séparées, comme des aiguillages qu'il avait fallu modifier afin de parvenir, une fois revenu au temps présent, à la modification finale.

Il faut dire que cette préface commençait sérieusement à m'ennuyer. J'avais également besoin d'un peu de vacances, de découvrir de nouveaux paysages, de respirer un air différent, mais sans pour autant chercher à faire de nouvelles rencontres.

Je m'excuse de cette petite digression, mais elle est nécessaire : les rencontres de vacances, bien que fortuites et par là même vouées à ne pas se transformer, Dieu merci, en relations durables, sont les plus grandes pertes de temps qui puissent se concevoir, tant les conversations qui en découlent suivent un modèle unique de banalités météorologiques et d'affirmations redondantes. (Ce pourquoi j'avais bien décidé de ne permettre à personne de gâcher mes vacances.) Les rencontres que l'on peut faire dans ces souterrains obscurs comme celles que l'on pourrait faire sur une plage ensoleillée ont ceci en commun que l'on peut facilement se tromper sur le statut social des gens qui vous adressent la parole, dans le premier cas, à cause de la simplicité vestimentaire que l'on adopte habituellement en ces lieux, dans le second, à cause du manque évident de lumière. En plus, la grande diversité des langues en usage ne permet pas de deviner à qui l'on a à faire. Mais en apparence ce danger n'est de toute évidence pas d'actualité, les lieux où je me trouve maintenant semblent n'être fréquentés que par de petites souris aux yeux inquiets. Ce ne sont pas elles qui vont me contredire sur le sens de l'Histoire, quoique, à bien y réfléchir, on ne peut ignorer que les souris aient également une Histoire, et une Histoire non moins tumultueuse que la nôtre, Histoire faite de guerres, de victoires et de défaites, de cessez-le-feu non respectés, de faux armistices et de paix introuvables. C'est une guerre incessante, griffes contre armes chimiques et autres mécanismes mécaniques destinés à mutiler ou étrangler, une guerre asymétrique dont le moins armé, paradoxalement, sort en général vainqueur. L'Histoire vue par les souris reste à écrire, elle serait pour nous pleine d'enseignement, mais j'ai déjà suffisamment de travail et je suis en vacances, alors ne m'en demandez pas trop.

Mais il n'est pas si facile de se défaire complètement de ses préoccupations habituelles, pendant que mes pas arpentent ces nombreux couloirs je reviens sans cesse à ce que cette préface cherche à dire, comme si le fait de creuser métaphoriquement le sous-sol de la ville et de m'enfoncer toujours plus loin dans son ventre, m'obligeait littéralement à me creuser la tête, alors que chaque phrase, chaque mot, chaque syllabe rythme le mouvement de mes pattes, comme la pensée d'un rongeur qui ne cesse d'agrandir son terrier.

Je dois être parvenu à une profondeur suffisante pour qu'on ne puisse plus sentir les vibrations dues aux bombes qui tombent à la surface, bien que derrière moi une partie du couloir se soit effondrée ce qui rendrait mon retour par le même chemin pratiquement impossible. Je ne m'en soucie guère car ce qui m'importe le plus maintenant c'est de finir cette foutue préface, avant de m'écrouler de fatigue ou de lassitude, de perdre la parole, la tête, le corps, et tout apparence humaine ou animale (je ne sais plus à quoi je ressemble), avant de perdre la guerre ou le désir de se battre, à moins que la guerre ne soit déjà perdue et moi aussi dans ces souterrains. Il m'est d'ailleurs arrivé une grosse frayeur en voyant arriver une troupe d'hommes avec masques à gaz et combinaisons protectrices, je me suis fait tout petit, le cœur battant très vite et le poil hérissé, et me suis faufilé dans une cavité à même le mur, guère plus grande qu'un trou de souris. Ils sont passés sans me voir, sans même repérer mon odeur (les masques sans doute). Je suis resté un long moment dans mon trou, jusqu'à ce que mon cœur recouvre un rythme acceptable, que les poils de ma moustache m'indiquent à nouveau la configuration de l'espace tout autour, mieux que ne l'auraient fait mes yeux si je n'avais pas été plongé dans le noir. Un sentiment de déjà vu, la familiarité avec un lieu habité depuis des siècles par un peuple éternel et souverain, tout un savoir latent me revient par vagues successives, de plus en plus hautes et de plus en plus puissantes. Je me souviens de mes ancêtres, des générations nombreuses qui se sont succédé sans que l'évolution des espèces ne les inquiète, jusqu'au jour où une petite incartade, un mauvais pas de côté vers un autre genre, une autre manière d'être ne se produise.

Je sais maintenant que je ne peux plus me perdre, qu'un rat ne se perd jamais, même dans un labyrinthe, et encore moins dans ces souterrains, je sais que les rats ne perdent jamais les guerres, je sais aussi que j'ai des griffes pour me défendre, des dents pour ronger le sol, pour ouvrir des voies nouvelles, et prendre l'ennemi à revers.

En fait, je connais tous ces couloirs, ces boyaux, ces canalisations : ils conduisent non seulement d'un territoire à l'autre, mais ils communiquent également entre les différentes couches temporelles, ils dessinent la carte du temps, du temps passé comme du temps à venir ; ils en sont la mémoire, comme le sang qui s'écoule dans les veines et les artères d'un corps sans visage, ils irriguent le monde, sa pensée et ses terreurs.

Les Hommes n'ont pas accès à ce monde souterrain, ils sont trop gros et ne savent pas voir dans l'obscurité. Pour eux, l'Histoire est un domaine interdit, à jamais fermé, et le temps, une souricière.

Nous autres rats, savons où vont tomber les bombes et comment déjouer les pièges d'un ennemi.

Nous savons qu'il n'y aura plus de guerre quand il ne restera plus un seul homme pour se battre, plus un seul pour penser la guerre, et ça dans une décennie toute proche. Nous savons tout cela, et c'est parce que les rats connaissent l'Histoire passée comme l'Histoire à venir, qu'ils n'ont nul besoin d'écrire l'Histoire.

Décembre 2022

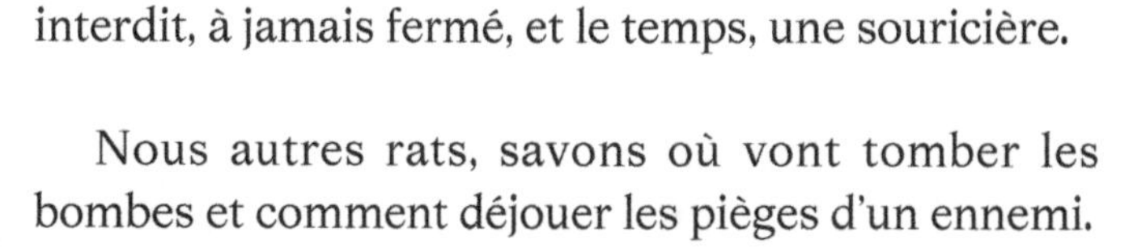

MÉNAGE

Il y a des jours vraiment oui vraiment des jours où vraiment ça va pas. Et puis des jours où ça va un peu mieux et dans ma tête c'est comme grimper et descendre des marches les unes plus hautes et parfois aussi plus larges que les autres sur lesquelles il est difficile de marcher. Les marches les plus hautes c'est les jours où ça va vraiment pas bien les plus larges celles qui durent plus longtemps et les jours où ça va un peu moins mal sont plus basses et on marche dessus en faisant moins d'efforts et comme ça la semaine se passe en marchant sur des marches inégales sans jamais savoir du jour au lendemain sur quelles marches on va tomber. Ça je n'en parle pas souvent parce que ça n'intéresse personne et puis on me dit que je vois tout de travers et que c'est ma faute si les marches sont de travers et que je n'aie qu'à marcher ailleurs. Enfin on me le dit pas comme ça mais c'est ça qu'on veut bien me dire j'ai bien essayé de sauter les marches les plus hautes mais c'est aussi les marches les plus larges mais vous avez essayé de sauter un lundi par exemple ou un autre jour de la semaine ? C'est pas si facile. Si seulement les marches étaient toutes pareilles avec la même taille on marcherait plus facilement et on saurait même plus si c'est une marche où ça va bien ou une où ça va mal parce qu'on verrait pas la différence mais c'est comme ça et ça sert à rien de se plaindre. Et puis je dis ça comme ça vient les marches c'est pour vous expliquer c'est pas vraiment des marches c'est juste une façon de dire n'empêche que vraiment il y a des jours où ça va vraiment pas bien tenez par exemple aujourd'hui c'est une marche tellement haute que ça donnerait le vertige. J'ai l'impression de tomber sans atterrir quelque part ça coupe la respiration les jambes et même les bras ça coupe tout et l'espoir que ça va s'arrêter c'est pas comme si ça faisait mal comme quand on se coupe un doigt ou qu'on se cogne le genou contre le pied de la table ça ça fait vraiment mal non c'est autre chose on est vraiment pas bien c'est tout. Quand je sens venir une marche très haute et ça va pas aller très fort je me mets tout de suite à faire le ménage je vais chercher les seaux les serpillières les brosses les balayettes les balais ce n'est pas le travail qui manque les trois cent cinquante-cinq mètres de couloirs quatorze chambres et quinze salles de bains plus trois autres toilettes deux salles à manger cinq boudoirs deux bureaux deux cuisines un garde-manger une buanderie un cellier deux garages un grenier une cave et des recoins un peu partout je n'arrive jamais à tout faire en une journée alors le travail s'accumule et la saleté aussi surtout quand il y a du vent et là la poussière rentre comme elle veut parce que les portes sont parties et les fenêtres n'ont plus de carreaux alors le ménage reste à refaire tout le temps on a pas une minute et puis comme il n'y a plus d'eau dans les robinets il faut aller la chercher au puits c'est pas tout près et qu'on a pas tôt fini le premier couloir qu'il est déjà à refaire et c'est comme ça tous les jours. Je me demande ce que vont dire les propriétaires s'ils reviennent ils sont partis en emportant les portes et les fenêtres sans rien dire mais s'ils reviennent ça m'étonnerait qu'ils n'aient rien à dire alors je fais le ménage en attendant toute la journée du matin au soir et le soir quand il y a plus de lumière et qu'on voit plus rien c'est plus possible de faire le ménage alors j'arrête et je bouge plus en attendant le matin et la lumière mais dès fois quand je suis sur une marche trop haute je me dis à quoi bon tout ça ça intéresse personne que je fasse le ménage ou que je le fasse pas alors je reste immobile sur ma marche toute seule à me ronger la tête pour rien en attendant que je passe à la marche suivante où ça va un peu moins mal mais pendant ce temps-là le ménage il est pas fait. C'est pas grave parce que il y a personne mais quand même il faut le faire surtout la bibliothèque qui n'est pas grande vu tous les livres qu'il y a mais il faut la faire quand même et ça prend du temps avec tous les livres il y en a beaucoup il faut les sortir un par un pour les brosser c'est fou ce que ça fait comme poussière les livres et il faut faire attention en les brossant de ne pas les ouvrir parce que si on les ouvre les histoires dans les livres s'échappent et ça veut dire qu'il va y avoir des pièces en plus pour loger les histoires et ça donne encore plus de travail et des pièces en plus à nettoyer mais des fois on ne fait pas attention et le livre qu'on est en train de nettoyer est vide et l'histoire est déjà à galoper à l'autre bout de la maison et voilà des couloirs des salles à manger et je ne sais quoi encore. En plus j'avais une aide il y a longtemps qui faisait le ménage avec moi mais elle était incapable de laisser les histoires tranquilles et il fallait qu'elle s'en mêle comme si on pouvait changer quoi que ce soit à ces histoires sorties des livres et où elle n'avait pas sa place et ça faisait des drames à n'en plus finir elle était jeune la pauvrette elle n'arrivait pas à voir la différence même qu'elle s'était amouraché d'un personnage d'une bande dessinée quelle idée enfin il a fallu que je la renvoie ça pouvait plus durer. Depuis je fais tout toute seule mais au moins je suis sûr qu'il n'y aura pas d'histoires sauf bien sûr celles qu'il y a dans les livres mais enfin c'est comme ça que la maison s'agrandit. Au début il n'y avait que la bibliothèque mais à force d'ouvrir les livres par maladresse au début on se rendait pas compte et maintenant il y en a des couloirs de toutes les façons qu'on peut imaginer et c'est pas le travail qui manque alors des fois il y a des jours ou ça va pas très bien.

Tenez hier c'est pas que je faisais pas attention mais il y a des couvertures qui sont si vieilles que le livre ne tient plus en place et l'histoire s'en échappe et là pas moyen de la rattraper et je me suis retrouvé avec non seulement une pièce en plus et le corridor qui va avec mais aussi une tour et quarante-sept marches d'escalier en colimaçon et tout en haut par la fenêtre la vue sur tous les environs mais c'est pas très intéressant vu qu'il y a rien à voir. Un jour il est arrivé un groupe d'hommes des gens plutôt âgés avec des airs si sérieux qu'on pouvait rien leur dire et qu'ont demandé à visiter la bibliothèque c'est rare d'avoir des visites alors j'ai été tellement surprise que je les ai laissé faire mais attention en regardant les livres surtout ne pas les ouvrir je leur ai dit mais pensez-vous il n'ont rien écouté et c'est incroyable le nombre d'histoires qui se sont échappées la maison est devenue si grande qu'on ne pouvait plus en voir la fin ou en compter les pièces et les recoins et ça a pris du temps que toutes les histoires se terminent vous savez ça dépend de la taille du livre il y a des histoires qui n'en finissent pas pour que la maison retrouve une taille normale et qu'on recommence à faire le ménage il arrive même que toutes les histoires finissent en même temps et alors la maison est toute petite en fait il n'y a plus que la bibliothèque à nettoyer et là c'est plus facile mais ça dure pas longtemps il y a toujours des fuites et ça recommence et le ménage à faire et les pièces qui s'ajoutent les unes derrière les autres et on n'a pas intérêt à oublier son balai quelque part parce qu'on est sûr qu'on va pas le retrouver et même qu'un jour aucune histoire n'est sortie de la bibliothèque et ça a duré des jours et des jours et il n'y avait plus de ménage à faire pendant des jours et des jours c'était comme angoissant je restais là à ne rien faire j'ai même failli faire un burnout comme on dit et on dit ça même qu'on sait pas ce que ça veut dire mais moi j'ai bien failli alors le soulagement quand ça a recommencé même si c'est dur des fois. Il y a tellement de travail dans la journée qu'une journée n'y suffit pas et on se demande si tout ça vaut bien la peine et faut pas croire parce qu'on est occupé toute la journée avec le ménage qu'on pense pas au contraire c'est comme si on avait rien d'autre à faire alors on se pose des questions sur des trucs bizarres comme pourquoi on se sent pas bien quand tout d'un coup il n'y a plus rien à faire alors qu'on devrait être content de ne rien faire mais pas du tout c'est le contraire on se demande ce qu'on fiche là à ne rien faire. C'est pas normal parce que le normal c'est de travailler mais pourquoi c'est si normal. Où c'est écrit que c'est normal on se demande alors justement si c'est écrit ça doit être dans les livres mais si on va voir dans les livres les histoires vont s'échapper et ça recommence les mêmes histoires ou alors il faut prendre les livres et les ouvrir tout doucement juste ce qu'il faut pour y jeter un œil sans réveiller les histoires. On les regarde dormir comme on regarderait des bébés sur lesquels on remonte doucement la couverture pour qu'ils ne prennent pas froid avant de les replacer sur l'étagère avec les autres livres on éteint la lumière et sans faire de bruit on referme la porte voilà comment il faut faire avec les livres avec la tendresse on obtient tout ce qu'on veut. Et là on a pas idée de ce qu'on peut trouver dans le livres c'est comme les petits enfants ils ont réponse à tout les livres il suffit de bien chercher tenez j'en ai trouvé un qui dit que la paresse c'est bien et que le travail c'est pas nécessaire c'est quand même un peu gonflé et celui qui l'a écrit il devait pas faire souvent le ménage et puis un autre qui parle de l'idéologie allemande c'est écrit par un allemand donc qui doit savoir de quoi il parle. Passionnant si vous voulez mon avis. Mais je ne peux pas passer tout mon temps à lire c'est que j'ai du travail avec toutes ces pièces ces couloirs et les recoins qui vont avec mais ça n'empêche pas aussi de se raconter des histoires par exemple quand je pousse mon balai je me dis que si ça se trouve ce n'est pas moi qui pousse mais c'est mon balai qui me tire d'un bout à l'autre de couloir quand je tire sur la corde pour faire monter le seau d'eau du fond du puits c'est peut-être le seau qui quand il remonte oblige mes mains à suivre la corde vers le bas et quand je frotte la serpillière sur le carrelage je ne fais que suivre le chiffon alors je pense à des trucs comme ça ça a l'air de rien mais au fond c'est pas impossible que les choses soient à l'envers c'est bien comme ça que c'est dans les miroirs et alors on pourrait même aller plus loin et dire que c'est pas moi qui vais au travail mais que c'est le travail qui me tire qui fait me lever le matin et qui me jette le soir comme une éponge sale. Et sans le travail je serais autre chose pas une éponge mais quelque chose de mieux qu'une éponge mais à quoi ça ressemblerait j'en sais rien j'en ai même pas une idée mais j'aurais pas besoin de travailler avec tout le temps à moi sur la marche la plus basse et jamais sur la plus haute et ça irait vraiment bien tout le temps pour me raconter mes histoires même que je pourrais les mettre dans un livre toutes mes histoires et le livre dans la bibliothèque et de temps en temps je viendrais l'ouvrir et laisser les histoires sortir et la maison deviendrait encore plus grande avec encore des pièces et des recoins et cette maison-là elle serait toute à moi.

LE PRINTEMPS

21 mars, 5 h du matin

Hier, demain ? Non, c'est aujourd'hui que le printemps arrive, il arrive sans même faire du bruit, tout le monde s'en moque, sauf moi. Je ne m'attends pas à ce que ce jour diffère fondamentalement de ceux qui l'ont précédé ou de ceux qui vont le suivre, et pourtant c'est un jour que j'attends depuis des semaines, des mois, je l'attends comme une délivrance d'un régime autoritaire qui pendant la moitié de l'année impose au jour la dictature de la nuit.

À cette occasion je me réveille très tôt afin de voir dans l'aube naître la fin de cette injustice, et l'égalité restaurée dans le partage des heures entre le jour et la nuit.

L'aube est grise, incertaine, prête à s'endormir, les toits de Paris sont encore humides d'une pluie nocturne. Pour les éboueurs, alors qu'on entend le bruit des poubelles qu'on traîne dans la rue, les premières lueurs dans le ciel ne sont plus le signe de la fin du travail, il reste encore beaucoup à faire.

Un envol de pigeons se déploie dans le ciel, ils partent vers je ne sais quel rendez-vous comme si le battement de leurs ailes allait décider du sort du monde. C'est tout, rien d'autre, et pourtant, chaque année, je m'étonne que le printemps ne veuille pas faire son entrée en scène avec plus de décorum.

6h30

Je suis allé me recoucher, content malgré tout que le printemps soit enfin venu, peu importe l'humeur maussade du temps, le temps lui, se rattrape toujours.

Fuite d'eau

L'eau coule en un rideau compact depuis le coin en haut à droite, entre la porte et le mur opposé à la fenêtre, là où une partie du plafond s'est effondrée. L'eau coule ininterrompue, traverse la chambre et va se perdre en bas, là ou une partie du plancher s'est écroulée au coin à droite entre la porte et le mur opposé à la fenêtre, et disparaît dans les étages inférieurs. La culpabilité à l'égard de mes voisins me cloue au lit. Je suis incapable de faire face à cette situation, et incapable d'arrêter cette cataracte.

Heureusement, ce n'est qu'un cauchemar, mais un cauchemar qui revient trop souvent perturber mon sommeil.

7h10

Je me réveille alors qu'on sonne à la porte, chose inhabituelle à cette heure-ci, comme aux autres d'ailleurs, je n'attends personne et personne ne m'attend, les voisins avec qui j'entretiens des rapports polis mais distants ne se permettraient pas de venir sonner chez moi sans un motif grave. Naturellement, je pense immédiatement à une fuite d'eau, et que cette fuite d'eau est en train de commettre des dégâts épouvantables chez le voisin du dessous, et les voisins en dessous de lui, ce pour quoi j'enfile rapidement un pantalon par-dessus celui de mon pyjama et vais ouvrir la porte. C'est effectivement mon voisin du dessous, Pujol, mais il est venu pour une tout autre raison.

« Il se passe quelque chose sur le toit en face, on ne voit pas bien de chez moi au sixième mais chez vous au dernier étage, vous n'avez rien remarqué ? »

Ils se sont installés sur le toit de l'immeuble qui est de l'autre côté de la cour. Je les vois par la fenêtre de la cuisine. Comment sont-ils arrivés là-haut ? Je n'en sais rien, ni moi ni mon voisin, peut-être par un échafaudage dressé pour le ravalement de la façade opposée, mais celui-ci a été fait l'année dernière, alors c'est autre chose.

Ils se sont installés comme pour un pique-nique sur l'herbe au milieu d'un parc mais il n'y a par le moindre brin d'herbe sur le toit, seulement la surface lisse et luisante du zinc.

On dirait toute une famille, comme dans le jeu du même nom. « Donnez-moi la grand-mère. »

Les pentes du toit n'ont pas l'air de les gêner, ils se sont calés entre les souches blanches des cheminées avec leurs conduits rouge brique qui depuis longtemps n'évacuent plus de fumée. Ils ont posé réchauds, casseroles, assiettes, couverts sur des couvertures ou des tapis colorés. Le soleil, comme s'il était maintenant de la fête, se reflète dans l'argenterie, les verres et les bouteilles. Les femmes s'affairent, les hommes moins, fatigués sans doute d'avoir porté si haut toutes ces affaires.

Ils ont des gestes lents, mesurés et gracieux, ils prennent tout leur temps, comme des acteurs sur une scène de théâtre qui auraient mesuré et répété leurs mouvements, leurs moindres gestes pendant des jours et des jours de façon à ne jamais se gêner les uns les autres.

Des enfants explorent ce nouveau terrain de jeu, sans craindre le vide derrière chaque gouttière.

Je suis obligé de tout décrire à Pujol parce que la fenêtre de la cuisine est placée au-dessus de l'évier et trop en hauteur pour que Pujol puisse voir autre chose que le ciel, vu sa petite taille, mais comme il pense que je ne lui rapporte pas les choses avec suffisamment de précision, (il n'est jamais bon de décevoir un voisin si proche,) il s'impatiente et je vais chercher un petit escabeau pour qu'il puisse voir par lui-même. Il occupe alors tout l'espace devant la fenêtre et je me retrouve privé du spectacle. Comme Pujol ne semble pas prêt à redescendre de son perchoir, et encore moins à me faire part de ce qu'il voit, je retourne dans ma chambre pour m'habiller correctement.

Quand je reviens, il y a quatre ou cinq personnes en plus dans la cuisine, tous des habitants de l'immeuble (j'ai oublié de refermer la porte quand Pujol est entré). La cuisine est toute petite, ils se pressent les uns contre les autres, cherchant à profiter du spectacle, au point de faire basculer le petit escabeau et de faire tomber Pujol dans l'évier au milieu de la vaisselle sale.

Je les laisse se débrouiller et retourne dans ma chambre me déshabiller et me remettre au lit, où, depuis que je suis en retraite, je passe mon temps à lire les journaux de la veille avec à mon côté, un plateau, une tasse et une cafetière pleine. Mais aujourd'hui, avec tout ce monde dans la cuisine, la cafetière est inaccessible et il va bien falloir que je m'en passe. Ce n'est pas que je sois routinier, mais j'éprouve un plaisir non négligeable à retrouver un certain confort dans cette répétition quotidienne, lorsque je bois mon café et lis les nouvelles, et tout ce qui fait que tous les matins, passés et à venir, ne sont jamais qu'un seul et même matin qui revient chaque jour.

Je ne trouve rien dans mes journaux qui concerne ces gens sur le toit, il est vrai que ces journaux datent de la veille et que de toute façon il y a bien longtemps qu'ils ne parlent plus de rien.

10 h 15

La cuisine est vide, je peux enfin faire mon café bien qu'il soit grand temps de s'habiller. C'est dans mon lit que j'aime le prendre et donc je vais exceptionnellement profiter de ce petit plaisir au-delà de l'heure habituelle, tant pis pour ce qui restera de la matinée, je n'ai de toute façon pas grand-chose à faire. Avant de sortir de la cuisine, je jette un œil par la fenêtre, ils sont là, installés comme s'ils n'avaient jamais fait autre chose, mais je n'ai pas mes lunettes sur le nez, j'ai dû les laisser dans la chambre, elles sont quelque part, par terre, glissées sous le lit, enfouies sous un mouchoir dans une poche de pantalon ou de veste, oubliées là où il est impossible que je m'en souvienne, un cauchemar quotidien, une dépendance absolue et humiliante à cette objet insignifiant, et tout ce temps perdu à les rechercher, donc sans mes lunettes je ne vois que des taches colorées qui bougent sur fond de ciel. Si je ne les avais pas vus une heure plus tôt, des gens installés sur le toit, j'aurais cru que les pigeons, habituels occupants de ces lieux avaient été remplacés par de grands oiseaux exotiques.

10 h 25

De retour dans ma chambre, je trouve le café amer, non pas qu'il soit trop fort ou trop faible, ou à une mauvaise température, j'ai mis la même dose de café, la même quantité de sucre, la cafetière est encore chaude, quelque chose a changé et cela me dérange. Je n'ai plus envie de le boire.

Je pense aux gens sur le toit, à la façon dont ils sont vêtus, on n'en voit jamais de pareils dans nos rues, toutes ces couleurs qui leur donnent un air joyeux, libre, ce qu'on ne voit jamais sur les visages qu'on croise au hasard et auxquels d'ailleurs on ne fait même plus attention.

10h45

Je n'ai pas bu mon café, c'est bien la première fois.

Je m'habille, sans y penser particulièrement, parce que, même si aujourd'hui c'est le printemps, il n'y a aucune raison de s'habiller différemment des autres jours, d'ailleurs tous mes habits se ressemblent, été comme hiver, mais au dernier moment, et sans doute à cause de l'image de ces gens sur le toit vêtus de couleurs vives qui me trotte dans tête j'enfile un pullover couleur bleu ciel que je n'ai jamais porté. Mais une fois dans la salle de bains, je vois dans le miroir quelqu'un qui ne me ressemble plus, et j'ai l'air ridicule.

Je me change.

11h15

J'entre au bistrot du coin, ce qui ne m'arrive pas souvent, mais aujourd'hui c'est le printemps et je n'ai toujours pas eu mon café. Ce n'est pas tant que j'aime ça, mais un matin sans café, le premier jour du printemps !

Je le bois au comptoir, un café c'est vite bu. Le patron a la tête ailleurs, il faut que je répète deux fois : « Combien je te dois Émile ? » Il a l'air inquiet : « Un euro vingt. » Il dit ça comme s'il venait de découvrir le prix du café et ne regarde même pas les pièces que je pose sur le comptoir, son regard est parti chercher quelque chose au loin, dehors, par-dessus le toit des immeubles.

Je ne viens plus prendre mon café au bistrot du coin comme je le faisais avant, quand on se retrouvait à trois ou quatre tous les matins à boire le café, toujours les mêmes depuis des années, à tel point qu'on était comme une seule tête divisée en trois, ou quatre, suivant les jours, on était toujours d'accord, il suffisait de demander à l'un quelque chose pour savoir ce qu'en pensaient les trois autres. Puis il y en a eu un qui a cessé de venir, sans trop qu'on sache pourquoi, et un deuxième qui est parti, lui pour de bon, alors le troisième, Michel, n'est plus venu parce qu'il se sentait trop fatigué, et puis, ce n'était pas drôle, à deux, de déplorer l'absence des autres.

Je décide alors de lui rendre une petite visite, et lui annoncer la venue du printemps, ça va lui faire plaisir, même s'il ne sort guère plus de chez lui. On va parler de nos maladies, moi ça va, je n'ai pas grand-chose, mais Michel, lui, il a des tiroirs pleins de boîtes de médicaments et il en connaît plus sur les maladies que les médecins eux-mêmes, pour avoir beaucoup fréquenté et les unes et les autres.

12 h

Ça n'a pas duré longtemps, encore un café, et de loin pas le meilleur, de toute façon ce n'était plus l'heure du café. Il ne m'a pas retenu à déjeuner, je lui en suis reconnaissant. J'ai essayé de l'intéresser à ce que j'avais vu ce matin sur le toit de l'immeuble de l'autre côté de la cour, mais ça n'a pas pris. Un toit c'était trop haut pour lui, pour qu'il puisse se le représenter avec des gens qui s'y seraient installés pour un pique-nique, comme un pique-nique sur l'herbe au beau milieu d'un parc, il est vrai qu'il habite un rez-de-chaussée, au numéro onze d'une rue tout près de chez moi (dont j'ai oublié le nom). Non, ça ne l'intéresse pas.

C'est douloureux de voir les gens changer avec le temps ; de mon vieux copain, j'ai l'impression qu'il n'en reste plus que des traces, et que, à chaque fois que je lui rends visite, ces traces deviennent de moins en moins visibles.

12 h 30

Préparer mon déjeuner ne prend guère de temps, le temps seulement de faire cuire un œuf à la coque et de remarquer qu'il y a maintenant davantage de monde sur le toit, une véritable petite fête, il est même venu des musiciens. Par contre on n'entend pas bien la musique, le vent l'emporte, de toute façon, il se trouvera toujours quelqu'un pour se plaindre du tapage.

15 h 30

Je me réveille de la sieste qui a duré bien plus longtemps que d'habitude. J'ai fait de drôles de rêves, sans inondation toutefois.

16 h

Je vais me promener, il fait beau, c'est le printemps.

16 h 15

En fait il ne fait pas si beau que ça. Je vais voir s'il se passe quelque chose devant l'immeuble de l'autre côté de la cour. Il n'y a aucun échafaudage ou quoi que ce soit qui permette l'accès au toit, donc les gens ont dû monter par l'intérieur. Je connais le gardien depuis longtemps, il fume sa cigarette devant la porte, non, il n'a rien vu d'inhabituel dans les escaliers et quand je lui parle des gens et du pique-nique sur le toit, il fait quelque pas vers le milieu de la chaussée, lève les yeux vers le ciel, mais comme d'en bas on ne peut rien voir, il prend un air dubitatif et me regarde comme si je n'étais pas dans un état normal.

Il jette son mégot dans le caniveau et rentre dans sa loge.

Les arbres sont encore endeuillés de l'hiver, mais on sent qu'ils n'attendent qu'un signe pour se rhabiller avec une passion toute joyeuse. J'aime le printemps, comme j'ai, autrefois, aimé une femme.

18 h 30

Le soleil est couché, les gens sur le toit ne sont pas redescendus, ils ont installé des tentes, et des lumières. Les adultes commencent à regrouper les enfants comme les bergers leurs moutons. Les enfants jouent à ne pas se faire attraper mais lorsque meurent les dernière lueurs du soir, ils consentent à rentrer dans leurs tentes et seuls restent les adultes, en cercle autour d'un feu de camp.

21 h

Un théâtre d'ombres se joue sur les toiles des tentes, les lumières de la ville venues d'en bas donnent au ciel la couleur de l'ambre.

Il y a longtemps que je ne vais plus au théâtre mais ce qui se déroule sur le toit me donne ce sentiment d'euphorie que je ressentais autrefois quand le spectacle était réussi. Les lumières du campement une à une s'éteignent et l'obscurité efface toute trace d'activité.

Je reste néanmoins face à la fenêtre, le regard perdu dans ce rectangle noir, espérant retenir les images de ce spectacle, avant qu'elles ne disparaissent comme un songe au moment du réveil.

22 mars, 8 h

Les gens sur le toit préparent leur petit déjeuner comme si préparer le petit déjeuner à 8 h du matin sur le toit d'un immeuble parisien alors que le soleil est déjà haut dans le ciel était la chose la plus naturelle du monde.

Je descends faire les courses et croise Pujol qui peine à retrouver son souffle sur le palier du cinquième étage. Je lui dis que les gens sur le toit y ont passé la nuit et sont toujours là ce matin, mais ça n'a pas l'air de l'intéresser. Il se plaint de ce que les étages soient de plus en plus élevés, et les marches de plus en plus hautes, avec entre chaque mot une inspiration rugueuse. La prudence m'empêche de lui rappeler qu'à chaque assemblée générale des copropriétaires il a voté contre l'installation d'un ascenseur, et contre la réfection de la cage d'escalier, mais ce n'est pas le moment de lui rappeler de vieilles querelles. Il parvient malgré tout à me dire que ce qui se passe sur le toit voisin ne nous concerne pas puisque ce n'est pas le nôtre et qu'il s'en fiche complétement.

11h10

Rendez-vous chez mon médecin, je dis « mon » médecin parce que l'ayant consulté régulièrement depuis plusieurs décennies, je considère avoir sur lui un droit de propriété. Il connaît tous mes organes comme un collectionneur connaît ses antiquités. Je lui apporte mes dernières analyses, qui, comme d'habitude, ne sont pas bonnes, mais contrairement à toutes les visites précédentes, il n'y porte aucune attention, il semble absent, inquiet comme s'il sentait dans l'air une présence inquiétante, et au lieu de rédiger la même ordonnance que la dernière fois, et les autres avant elle, son regard se perd vers le plafond, va d'un coin à un autre, la bouche reste entrouverte comme cherchant le mot juste, la phrase exacte tout en sachant ne pas pouvoir les trouver.

Un choc ! Un bruit sourd ! Des livres qui frétillent sur une étagère ! La pièce bascule légèrement de gauche à droite mais retrouve son équilibre immédiatement.

Puis un moment de silence.

Mon médecin retrouve la parole et m'explique que bien que Paris ne soit pas sur une faille sismique un petit tremblement de terre peut toujours se produire n'importe où et n'importe quand et cela sans le moindre signe avant-coureur.

11h30

Tout heureux d'avoir eu un cours de géophysique à la place d'une leçon sur ma façon de me maintenir en mauvaise santé, je me perds au sortir du cabinet, saute un étage, me retrouve au sous-sol et finalement, sur le trottoir sans comprendre comment j'y suis parvenu.

Cela gâche ma bonne humeur, serait-ce l'âge qui maintenant affecte mon sens de l'orientation ? Voilà une pensée mauvaise, mais j'ai beau lui faire la chasse, je sais qu'elle m'attend à chaque coin de rue.

11h50

La montée des sept étages paraît ne jamais vouloir finir, alors que d'habitude je compte les étages que je viens de gravir, fier de l'effort accompli, cette fois, je compte ceux qui restent à conquérir, avec la crainte de ne pas en venir à bout. Je connais par cœur tous les paillassons, toutes les portes, chaque marche.

J'ai peur de ressembler à Pujol.

Arrivé au cinquième, le même choc, la même sensation de perte d'équilibre, de chute dans le vide, à peine une seconde et tout revient dans l'ordre. Une autre secousse ? Sans doute !

Sans l'explication de mon médecin j'aurais probablement pris peur. Je monte vite les deux derniers étages la main sur la rampe, on ne sait jamais.

Il y a des morceaux de verre sur le sol de la cuisine, seul témoignage de la secousse ressentie dans l'escalier.

Je les ramasse avec une balayette et une petite pelle et lorsque je regarde par la fenêtre l'immeuble de l'autre côté de la cour, celui-ci me paraît plus haut que d'habitude, au point que je ne peux plus distinguer vraiment ce qui se passe sur le toit, il est vrai que je suis à ce moment à genoux à ramasser les débris de verre, c'est un point de vue inhabituel bien sûr, mais lorsque que je me relève; cette impression ne disparaît pas. Serait-il possible que je me sois trompé de porte et que je sois en train de ramasser des débris de verre dans la cuisine de l'appartement en dessous de chez moi ? Et pourtant je reconnais bien cette cuisine, ma cuisine, dans laquelle j'ai préparé tous mes repas année après année, une cuisine qui, bien que modeste, ou peut-être à cause de cela, ne ressemble à aucune autre.

Maintenant je vois une fenêtre au dernier étage de l'immeuble en face, qui surplombe la mienne, et en reflet dans la vitre, je vois le toit, le toit même qui est au-dessus de ma tête, et sur ce toit, des gens installés comme on s'installe pour un pique-nique sur l'herbe dans un parc. Des gens, d'autres gens, avec des enfants, d'autres enfants qui jouent à cache-cache entre les souches blanches des cheminées et leurs conduits en terre cuite. Comment l'immeuble d'en face a-t-il pu s'élever d'un étage le temps d'une visite à mon médecin ? Il y a des années que j'habite dans cet appartement et jamais une chose pareille n'est arrivée. (Mais je dois admettre que ceci n'est pas un argument.) Et s'il est capable de le faire, le fera-t-il encore ? Combien de fois ? Et jusqu'à quelle hauteur ? Et que deviendraient tous ces gens sur le toit, une fois perdus dans les nuages ? Il y a des moments où je dois renoncer à répondre à des questions qui me dépassent.

Je quitte la cuisine et décide de ne plus y mettre les pieds avant la nuit. Demain j'installerai un rideau à la fenêtre.

12h45

Cette matinée bizarre me fait tourner la tête, la secousse chez le médecin, et celle dans l'escalier, l'immeuble qui pousse comme un champignon et la faim qui commence à se faire sentir, mes pensées s'emmêlent les unes dans les autres et font des nœuds impossibles à défaire. Il n'est pas question de retourner dans la cuisine et de rester là, collé à la fenêtre à essayer de comprendre.

Je décide d'aller déjeuner au bistrot du coin et de me débarrasser la tête de toutes ces idées.

13 h

Je descends l'escalier, un, deux, trois, quatre, cinq, six étages et je me retrouve dans le hall d'entrée. Là, il y a quelque chose qui ne va pas, il manque un étage. Je remonte les six étages que je m'applique à compter scrupuleusement et me retrouve à bout de souffle devant ma porte. Je descends à nouveau les six étages vers le hall d'entrée. Un autre voisin, qui occupe un studio au rez-de-chaussée, M. Martinet, émerge de l'escalier qui conduit à la cave, il me regarde d'un air contrit, hausse les épaules, une manière de manifester son impuissance face à des événements qui n'ont ni queue ni tête et, sans dire un mot, sort promener son cabas et son chien. Monsieur Martinet n'aime pas la conversation. Je descends quelques marches dans l'escalier qui mène au sous-sol, le studio de M. Martinet est bien un niveau en dessous.

30 mars, 10h30

Au cours de ces cinq derniers jours l'immeuble n'a plus bougé. Les jours précédents, il semblait s'enfoncer d'un étage par vingt-quatre heures, peut-être le sous-sol est-il fait de roches trop dures pour permettre sa progression ?

Le troisième étage me convient, mais je ne suis pas sûr que ce nouvel arrangement de l'immeuble convienne à ceux qui maintenant habitent les sous-sols. J'évite de m'attarder quand je croise les habitants dans le hall d'entrée lorsqu'ils prennent les escaliers vers les bas-fonds alors que moi j'habite toujours le dernier étage, mais d'un immeuble plus petit.

En dépit du caractère très étrange de ce qui nous arrive, ou peut-être à cause de cela, personne ne souhaite aborder le sujet, et encore moins évoquer la présence de gens installés sur les toits, (plusieurs immeubles, il est difficile de savoir combien, ont vu leurs toits également occupés,) ou la question de savoir s'il existe un rapport entre la présence de ces gens et l'abaissement des immeubles. Un sentiment de gêne, pour ne pas dire de honte semble étouffer toute possibilité de discussion. Les pouvoirs publics, dans l'impossibilité de se confronter à cette situation inédite, et de lui opposer soit la loi, soit la force, ont choisi d'en ignorer l'existence. C'est une méthode qui dans le passé a souvent fait ses preuves.

Malgré tout, des rumeurs naissent des profondeurs, elles parviennent à la surface et disparaissent à la faveur d'une nouvelle rumeur plus étrange ou encore plus improbable. On dit que les gens sur les toits y ont été installés par le gouvernement pour régler des problèmes qu'il ne pouvait résoudre, comme le manque de place dans les centres d'hébergement, on entend dire qu'ils sont venus d'ailleurs, de l'espace, en soucoupe volante, ou bien que les enfants en jouant tombent parfois du toit mais ne parviennent jamais jusqu'au sol, qu'ils se transforment pendant leur chute en oiseaux, remontent d'un coup d'ailes sur leur terrain de jeu et redeviennent à nouveau des enfants.

On dit encore, et cela est plus inquiétant, que les immeubles vont entièrement s'enfouir dans le sol, qu'on ne pourra plus en sortir et que ces gens venus d'ailleurs nous remplaceront à la surface de la terre.

Il paraîtrait qu'un groupe de propriétaires aurait décidé de monter une expédition afin de chasser les occupants du toit de notre immeuble, de les prendre par surprise une fois la nuit tombée (et que faire d'eux par la suite, nul ne le savait). Ils auraient dit-on amassé toute une collection d'armes diverses, gourdins, couteaux et même quelques vieux revolvers, mais que, lorsque la question de l'accès au toit fut posée et que personne ne put y répondre, (aucun ne se sentit capable de grimper, armé jusqu'aux dents, le long des descentes de gouttière,) le projet fut abandonné.

Pujol me rapporta cette histoire, mais sans avouer qu'il avait fait partie de ce groupe, il tenait tout de même à ce que je le sache. Je ne peux pourtant pas imaginer un instant Pujol se livrer à une confrontation éventuellement violente.

En vérité, j'ai pris plaisir à les observer depuis la fenêtre de ma cuisine maintenant que nos deux immeubles ont retrouvé leur position relative antérieure.

Ces gens vivent, ils semblent heureux de ces déjeuners sur les pentes du toit, leurs soirées sont calmes et méditatives, les enfants jouent comme des enfants, mais sans cris ni larmes.

Ces images de paix, de tranquillité, de bonne humeur, de joie de vivre, semblables à des illustrations de livres pour enfants ne seraient-elles que le produit de mon imagination ? Mais pourquoi serions-nous alors si nombreux à partager ces images si elles n'étaient que des rêves, et en même temps pourquoi portons-nous alors sur ces images des jugements si contraires, comme nous le faisons souvent pour des choses beaucoup plus ordinaires ?

Ces images évoquent un monde ancien, tribal, nomade, images peut-être trop parfaites pour ne pas être suspectées par les habitants de nos immeubles, car aucun d'entre eux ne pourrait imaginer passer ses journées et ses nuits là-haut, mais que d'autres gens, pas des gens comme nous bien sûr, des gens différents, puissent avoir l'idée de venir habiter sur les toits de Paris et s'y trouver bien, et comme s'ils étaient chez eux, cela dérange. Et plus encore : les couleurs vives que ces nouveaux venus affichent, les gens d'ici n'y voient que de l'arrogance.

1er mai

C'est un jour de défilé, d'habitude festif, quelquefois revendicatif, mais aujourd'hui, le cœur n'y est pas, les gens on le regard tourné vers le ciel. Une rumeur a circulé comme quoi des projectiles seraient jetés sur la manifestation depuis les toits.

11 mai, midi

J'avais complètement oublié Michel. Je le retrouve chez lui au troisième sous-sol, devant sa télévision qu'il regarde sans s'apercevoir que l'image est mauvaise et le son inaudible.

Je ne sais jamais s'il prend plaisir à mes visites ou si je le dérange. Il me parle de ses maux divers que j'écoute distraitement un peu comme les nouvelles à la radio qui nous attristent un moment mais qu'on oublie aussitôt.

Les maladies sont pour lui les preuves quotidiennement renouvelées dont il a besoin pour s'assurer de sa propre existence. S'il était en bonne santé, il en souffrirait bien plus que de ses maux actuels.

Je lui demande si le fait de vivre en sous-sol l'affecte, mais il me dit que non, qu'il en a toujours été ainsi. Le peu de mémoire qui lui reste, il la garde pour son pilulier.

Je remonte à la surface en me promettant de ne plus lui rendre visite, mais je sais que je n'en ferai rien. D'une manière très égoïste, voir l'écart entre lui et moi s'agrandir de plus en plus me rassure. Il est en quelque sorte la mesure, toute relative, de mon bon état.

15 mai, 18 h

Il a plu tout au long de la journée, les enfants en ont passé une bonne partie à des concours de glissades sur les pentes du toit, ou à pousser des bateaux en carton sur l'eau dans les gouttières.

Les immeubles se sont élevés d'un étage, l'eau tombée du ciel les aide à pousser, comme de l'herbe.

21h45

Le ciel est clair, bleu pâle, avec une dernière bande de couleur rose au-dessus des toits obscurs qui semblent un à un baisser la tête.

Les lumières à l'intérieur des tentes s'éteignent en suivant le rythme d'une mélodie tranquille.

16 mai, 10 h

Pujol monte ses trois étages comme s'il avait vingt ans, et même si le souffle lui manque un peu, il n'en perd pas pour autant le sourire. Il s'est mis en ménage avec une femme qui, bien que n'étant pas toute jeune est néanmoins bien plus jeune que lui. Je ne l'envie pas, à mon âge, je n'aurais pas le courage de réinventer toutes les stratégies nécessaires à la survie d'une vie en couple. Et puis le désir n'est plus là, et même si l'absence de désir est parfois plus difficile à accepter que le désir non satisfait, je refuse de me laisser rattraper par la mélancolie. On vit seul de toute façon, avec ou sans compagnie.

Je n'ai pas vu la mer depuis bien des années, et l'image que j'en garde est celle qui illustre le mieux l'idée que je me fais de la vieillesse : de l'eau qui se retire et abandonne sur le sable tout un tas de détritus.

18 mai, 11 h

J'apprends la mort de Pujol, il n'aura pas profité longtemps de sa nouvelle vie. On dit que sa compagne n'était avec lui que pour échapper au sous-sol où la situation actuelle l'avait reléguée, mais on dit n'importe quoi.

L'eau s'écoule du haut vers le bas en prenant le chemin le plus facile, il en est de même pour la parole, le récit le plus simple est souvent celui que l'on préfère.

Il va falloir que j'aille lui présenter mes condoléances bien que je ne l'aie jamais rencontrée. Drôle de manière de faire connaissance.

20 mai, 18 h, Assemblée générale des copropriétaires

Une feuille de présence a été signée lors de l'entrée en séance. Cette formalité accomplie, il est constaté que ledit document fait ressortir la présence de 35 copropriétaires sur 36 possédant ensemble 94 457 tantièmes sur 100 000. Est absent : Pujol pour cause de décès.

La séance commence, je déteste ces assemblées, les copropriétaires se transforment facilement en bêtes féroces et se déchirent à propos de rien.

Le 3e sous-sol, gauche: «Vu la situation actuelle, il faut revoir à la baisse les quotes-parts des appartements en sous-sol, nous n'avons pas de lumière, ils sont humides et l'escalier est impraticable.»

Le Syndic: «Essayons de respecter l'ordre du jour s'il vous plaît.»

Le 3e étage droite: «Oui respectons l'ordre du jour.»

Le 3e étage gauche: «Les caves n'ont jamais été humides, en plus vous avez moins besoin de vous chauffer l'hiver et l'été vous ne souffrez pas comme nous de la chaleur, avec le prix du gaz, vous y gagnez.»

Le Syndic: «Revenons s'il vous plaît à l'ordre du jour.»

2e étage, droite: «Et avec tout le trafic qui se passe en bas, vous n'avez pas à vous plaindre.»

2e sous-sol gauche: «Qu'est-ce que c'est que cette histoire de trafic? Vous voulez bien m'expliquer ce à quoi vous faites allusion?»

2e étage, droite: «Oh! ne faites pas l'innocent! On sait très bien ce qui s'y passe dans vos sous-sols!»

Le Syndic: «Voyons, voyons, gardons notre calme et revenons à l'ordre du jour!»

Je sais comment cela va se terminer et je préfère partir discrètement en emportant mes tantièmes.

18 h 25

Mon immeuble est calme, alors que les copropriétaires continuent à s'insulter quelque part à l'autre bout de la rue.

La fenêtre de la cuisine est ouverte et j'entends la musique venue du toit de l'immeuble de l'autre côté de la cour. C'est une musique faite de brume et de rosée.

6 juin, 10 h

Je descends un étage et sonne à la porte à gauche sur le palier. La compagne de feu Pujol ouvre la porte. C'est une petite dame assez frêle qui me regarde comme on regarde une catastrophe arriver. Je délivre au plus vite mon paquet de condoléances convenues, qu'elle accepte tout d'abord avec suspicion, mais mon allure empruntée finit par la rassurer. Elle m'invite à entrer dans l'appartement, file dans la cuisine et revient quelques minutes plus tard avec une tasse de café en s'excusant de m'avoir laissé là, piqué au milieu du salon sans même me demander si j'en avais le désir. (Café : il me semble que le café quel qu'il soit, ou quel que soit la personne qui le prépare, devient à chaque fois plus imbuvable, mais je ne fais pas part de cette réflexion à mon hôtesse.)

N'ayant prévu, une fois ma sympathie exprimée, aucun autre sujet de conversation, mon embarras ne cesse de grandir. Heureusement, Yvonne, (je ne connais pas son nom, alors je décide de l'appeler Yvonne, ce prénom lui va bien,) donc Yvonne me fait part de sa situation : elle est en train de faire sa valise, les héritiers de Pujol veulent vendre l'appartement et n'ayant pour elle aucune sympathie, ils lui ont demandé de quitter les lieux le plus vite possible, ce qui bien sûr, la plonge dans le plus profond désarroi, peut-être plus encore que la disparition de Pujol (la rumeur courait d'ailleurs qu'elle ne s'était mise en ménage avec lui que pour profiter d'un logement en étage, mais les gens disent tant de choses). Il lui fallait donc retrouver son tout petit studio, actuellement au troisième sous-sol, où, selon ses dires, la vie était devenue misérable, les rats, l'humidité, l'absence de lumière, mais pis encore, tout ce qui se passait dans ces profondeurs, l'insécurité, les vols, la drogue, la prostitution et bien d'autres actes criminels. Les gens s'y comportaient comme des bêtes, les lois n'y avaient plus cours et même la police refusait d'y mettre les pieds. En racontant tout cela, les larmes lui viennent aux yeux. Je la vois si fragile, si pitoyable, mais je n'ai ni le courage ni la générosité nécessaire pour prendre la place de Pujol, ni même simplement la loger chez moi, je n'ai d'ailleurs qu'une seule chambre et bien d'autres excuses. Ce n'est pas sans honte que je l'abandonne à sa descente aux enfers.

7 juin, 7 h

Yvonne est partie pendant la nuit, je l'ai entendue descendre les escaliers en traînant sa valise. Elle craignait sans doute de rencontrer quelqu'un qui lui reproche son escapade vers les étages supérieurs. Il est vrai que les tensions entre les habitants d'en bas et ceux d'en haut se sont considérablement aggravées, l'appellation « ceux d'en bas » est devenue à ce point péjorative que les gens « d'en haut » s'en servent comme d'une insulte, mais, pour l'instant, ces deux communautés évitent les rencontres, elles se surveillent l'une l'autre de chaque côté de la ligne de front que constitue le hall d'entrée, ce n'est pas encore la guerre mais la guerre s'est invitée dans les esprits comme dans les conversations.

Ces pensées m'ont tenu éveillé longtemps.

Je n'irai pas à la prochaine assemblée des copropriétaires, encore faudrait-il qu'elle ait lieu. J'ai même pensé vendre mon appartement et partir, mais partir où, et comment retrouver ailleurs les mêmes habitudes ? Cela me paraît au-dessus de mes forces. De toute façon par les temps qui courent, vu l'instabilité des immeubles, les appartements ne se vendent plus.

11 h

Je vais prendre des nouvelles de Michel. Il doit maintenant se trouver quelque part au sous-sol du numéro onze de cette rue dont décidément je n'arrive pas à retrouver le nom.

Plus tard, une heure quelconque.

Je me réveille dans une chambre que je ne connais pas, j'ai la tête embrumée comme après une mauvaise nuit, j'aimerais bouger et sortir de mon lit mais je n'y arrive pas. Il me semble que des fils partent de mes bras et s'envolent vers le plafond.

Maintenant il y a du monde dans la chambre, beaucoup de monde, je reconnais certaines personnes que j'ai vues les jours derniers sur le toit de l'immeuble, de l'autre côté de la cour. Tous ces gens parlent très fort et malgré cela je ne les entends pas. Je ne sais pas s'il faut que je me lève, faire du café pour tout ce monde, poser la main sur la tête des enfants et leur demander comment ils s'appellent, mais je suis incapable de bouger.

Il se fait tard. Il va falloir que je mette tous ces gens dehors.

Je me suis sans doute rendormi, à mon réveil il n'y a plus que Michel. Il est assis sur une chaise près de mon lit. Il est venu me voir me dit-il parce que..., j'essaye de lui dire que c'est gentil de sa part d'être venu me voir mais les sons ne sortent pas de ma bouche… Il me dit que je suis tombé dans l'escalier qui menait au sous-sol du numéro onze d'une rue dont je m'empresse d'oublier le nom.

Il me dit que j'ai fait un malaise. Il me dit que je suis à l'hôpital, il me dit des choses que je n'arrive pas à saisir, il me dit qu'il faut que je me repose. Je n'ai pas envie de me reposer, j'ai envie de partir mais il y a des fils qui me rattachent au plafond. J'ai envie de dormir.

Je me demande ce que sont devenus les gens du toit qui étaient dans la chambre, je me souviens que j'étais content de les voir même s'ils ne faisaient pas attention à moi, à l'exception d'une petite fille qui me regardait avec une curiosité inhabituelle chez les enfants.

Je me réveil de nouveau. Michel est parti.

Je me réveil encore. Il n'y a plus personne.

Silence.

Je me lève enfin, libéré des fils qui me rattachaient au plafond.

Je marche dans un couloir, de chaque côté des portes sont ouvertes sur des pièces vides. Au bout du couloir une salle plus grande, cinq hommes en uniforme d'une entreprise de sécurité sont assis autour d'une table. Ils mangent avec indifférence ce qui se trouve dans trois petites boîtes en plastique disposées à égale distance de chacun d'eux.

Ils me regardent, étonnés de ma présence et l'un me demande pourquoi je suis encore là.

Pendant que je dormais, me dit-on, l'hôpital a déménagé, docteurs, infirmiers et infirmières, malades, ainsi que le matériel. Tout a été enlevé.

Les cinq hommes se mettent à rire.

5 h de l'après-midi ou 17 h (comme on veut)

Il est cinq heures ; mais je ne sais pas de quel jour il s'agit.

Je suis chez moi, ou presque. Les murs bougent comme si l'appartement cherchait à respirer. J'entends même son souffle. Le sol s'affaisse sous chacun de mes pas, jusque dans la cuisine. Par la fenêtre, je devine les couleurs sucrées des vêtements que portent les enfants qui sont sur le toit de l'immeuble de l'autre côté de la cour. Tout se brouille, il n'y a qu'une pluie d'étincelles colorées dont je n'arrive pas à savoir si elles se trouvent à l'extérieur ou à l'intérieur de ma tête.

5 h du matin

Je suis dans mon lit, le plateau du petit déjeuner est à côté, la cafetière est pleine et la vapeur qui s'échappe du bec m'indique que le café est encore chaud.

Je n'ai aucun souvenir d'avoir préparé ce petit déjeuner, pas plus que de mon réveil, ni de la nuit qui l'a précédé ou du comment je suis parvenu à me mettre au lit.

L'idée assez étrange que cette mémoire perdue doit se trouver quelque part (à l'instar de l'image qu'on peut se faire des clés ou du portefeuille qu'on a égarés et qu'on imagine tombés dans la rue ou abandonnés sur le comptoir d'un bistrot ou encore dans la poche d'un passant peu scrupuleux), puisque pour la mémoire, ce quelque part ne convoque aucune représentation. Où donc se trouve la mémoire perdue ? L'idée me trotte dans la tête sans que je puisse m'en débarrasser alors même que j'en reconnais l'absurdité.

J'imagine la mémoire comme une eau que l'on ne peut retenir, qui s'évapore ou disparaît dans les moindres interstices, qui cascade sur les marches en fuyant dans les escaliers le plus vite possible.

Tiens ! Les marches ! Les marches de l'escalier, là où je suis tombé, l'escalier qui mène au sous-sol du numéro onze de la rue Guillaumet, rue dont finalement le nom me revient, là, où sans doute, j'ai perdu la mémoire.

Il faut que je me lève, que j'enfile mes habits, que j'aille au numéro onze de cette rue dont j'ai retrouvé le nom, je ne sais plus quand, et là peut-être vais-je retrouver ma mémoire perdue.

5h30

Je range ma tasse et la cafetière dans le placard de la cuisine. De l'autre côté de la cour, le campement sur le toit est encore endormi, mais je n'ai pas le temps de m'y intéresser, je suis pressé de partir.

6 h

Le numéro onze. Au vu des étages qui sont toujours hors de terre, je pense que Marcel doit habiter au quatrième ou au cinquième sous-sol. Je descends l'escalier avec précaution car les marches sont glissantes, comme si l'on venait de les laver à grande eau.

Plus je descends, plus il me semble que l'eau monte. Au troisième sous-sol, l'eau m'arrive aux genoux, et à ce qui semble être le quatrième, (on ne peut plus distinguer les marches) l'eau m'arrive à la taille, puis bientôt aux épaules mais je ne pense pas une seconde à revenir en arrière.

Je suis maintenant totalement immergé dans le milieu aquatique de ma mémoire retrouvée, entière, indifférente et confuse, dans laquelle nagent des sirènes grimaçantes. Il me semble entendre, venu de loin, Marcel qui se moque de moi :

« Ça ne t'a pas arrangé l'hôpital ! »

Il n'y a pourtant pas de quoi rire.

10 h

Je n'ai pas vu Marcel. Peut-être ai-je frappé à la mauvaise porte. Mes vêtements sont trempés, bien que je ne me souvienne pas qu'il ait plu.

12 h

Je ressens une grande fatigue. Une fatigue inconnue. Pas une de ces fatigues que l'on a méritées après un travail accompli et dont on sait que l'on peut s'en débarrasser au moyen d'une bonne sieste. C'est une fatigue étrange, et comme étrangère au corps, une matière parasite qui colle, s'accroche et ne lâche pas prise, qui ne lâchera plus jamais prise, pas même pendant le sommeil.

14 h

Je vais voir mon médecin avec ma fatigue.

Je ne trouve plus son nom parmi les plaques cuivrées placées à l'entrée de l'immeuble.

La concierge me dit que le médecin (mon médecin) a pris sa retraite il y a longtemps. Elle dit ne plus se rappeler l'année exacte de son départ. Elle dit me reconnaître pour m'avoir vu souvent lui rendre visite. Elle dit que je n'ai pas changé. Elle dit d'autres choses auxquelles je ne fais pas attention. J'ai l'impression qu'elle dit et répète sans cesse la même chose mais ça doit être dans ma tête, je suis en route vers la maison et depuis un bon moment déjà.

16 h

Je monte l'escalier avec peine. Il me semble que je suis allé au-delà des sept étages mais je n'en suis pas sûr, j'ai oublié de compter. Toutes les portes se ressemblent et j'ai du mal à lire les numéro à chaque palier.

À défaut de compter les étages je compte les marches, jusqu'à dix, après ça ne sert plus à rien. Je sais que ça ne sert plus à rien mais je ne peux pas m'en empêcher.

Chaque marche sonne comme une touche de piano qu'on enfonce mais au bout du compte, (un, deux, trois, quatre, cinq, six, sept, huit, neuf, dix,) c'est toujours la même chanson. Et quand la chanson se termine, on est arrivé à la maison.

16 h 30

Je regarde les gens sur le toit de l'immeuble de l'autre côté de la cour.

Les gens sur le toit de l'immeuble de l'autre côté de la cour me regardent.

Les gens sur le toit de l'immeuble de l'autre côté de la cour me font des signes. Ils sont beaux, surtout les enfants.

Ils me font des signes comme s'ils voulaient que je les rejoigne.

Ils m'appellent mais je n'entends pas leurs voix.

Je ne vois pas comment je pourrais les rejoindre, il y a un abîme entre nous : une cour, sept étages plus bas.

L'idée d'enjamber l'espace qui nous sépare est au-dessus de mes forces. Je voudrais tendre la main mais la main n'écoute pas.

Je quitte la cuisine et vais me coucher.

21 juin, 11 h 30

Je me réveille lentement d'un sommeil traversé de remords et d'hésitations.

Se lever me demande un effort sans que la promesse d'un café n'apporte de consolation.

Par la fenêtre de la cuisine une lumière grise semble contredire l'arrivée du premier jour de l'été. Les jours vont commencer à décroître.

Il n'y a plus personne sur le toit de l'immeuble de l'autre côté de la cour, et plus la moindre trace du campement.

Ils sont partis au cours de la nuit, hommes, femmes et enfants, peu m'importe comment.

Les images que ma mémoire voudrait en retenir commencent déjà à s'effacer. Il n'en restera bientôt plus rien. Il y a quelque part de l'eau qui coule.

Je sais bien qu'il m'est impossible de réparer un robinet qui fuit.

La fatigue visite toutes les parties de mon corps, et une à une les efface, la fatigue écrase toute résistance et jusqu'au désir même de résister. J'en oublie qu'il n'en a pas toujours été ainsi, et seule me reste la certitude qu'il ne me sera donné ni la force ni la patience d'attendre un autre printemps.

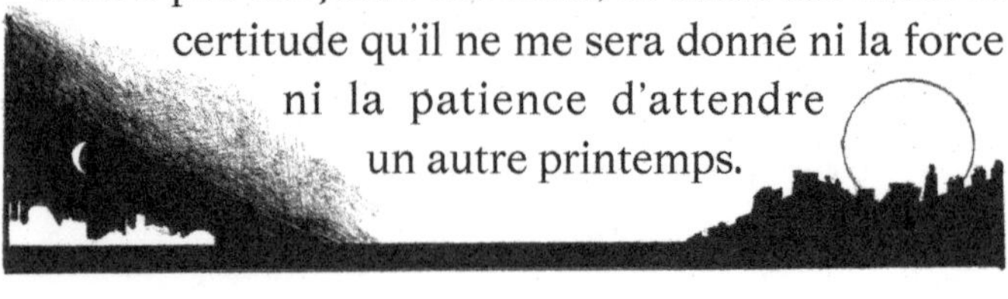

LE RAPPORT

Malgré ma tenue de détective privé, ou peut-être à cause d'elle je passai inaperçu. L'aveuglement est une chose très répandue chez mes compatriotes, si l'on veut bien appeler aveuglement la volonté de ne pas voir, d'éviter de poser le regard sur quelque chose, d'en détourner les yeux ou même de se les cacher, ou voir sans voir en pensant à autre chose, le nez en l'air, la tête dans le sable, l'esprit ailleurs, ou pire encore, comme certains films où l'on impressionne la pellicule plusieurs fois afin de superposer plusieurs images et ainsi enfouir la réalité sous plusieurs couches venues d'autres lieux ou d'autres temps. Pour toutes ces raisons personne ne fit attention à ma présence dans cette ruelle.

Cela même aurait dû me mettre la puce à l'oreille, mais j'avais l'esprit trop occupé par la découverte du cadavre d'une jeune femme dans cette petite ruelle où l'on n'avait pas l'habitude de trouver des cadavres, mais que voulez-vous, les habitudes changent indépendamment de notre volonté.

Une autre chose, plus étrange encore, occupait le point nodal de mes préoccupations: que venais-je faire dans une histoire dont je ne pouvais pas deviner le cours, ni même en retrouver le point de départ?

Avant toute chose, une mise au point est nécessaire, et plus nécessaire encore, et cela afin de rendre les choses plus compréhensibles, ce retour en avant: quatre mois plus tard, alors que l'hiver touchait à sa fin et que les feuilles mortes de l'automne, qui n'avaient pas été ramassées à temps, encombraient les bouches d'évacuation des eaux de pluie, de sorte que certaines rues se retrouvaient partiellement inondées et recouvertes par temps très froid, (ce qui n'était pas le cas à ce moment précis,) de plaques de glace, provoquant alors des chutes nombreuses parmi les piétons qui venaient soit par devoir, soit par plaisir s'y aventurer, donc, (et sans que cela en soit une conséquence,) quatre mois et demi plus tard, on avait découvert un vaste trafic de marque-pages, ainsi qu'un fructueux marché noir destiné à les écouler, marque-pages impropres à l'usage et dont la toxicité rendait les livres totalement illisibles, (et, à ce qu'on disait toutes choses imprimées également,) ce qui bien évidemment menaçait le secteur de l'édition dans son ensemble, son devenir économique comme sa vocation culturelle. Les bouquinistes certes, pouvaient se réjouir d'acquérir à bas prix un nombre extraordinaire de livres de seconde main, mais à l'inverse, se lamenter de ne pas parvenir à les revendre, ce qui avait pour conséquence la baisse de la demande de marque-pages, légaux ou non, tant sur le marché officiel que sur le marché noir, créant ainsi un cycle infernal auquel il était urgent de mettre fin.

On me contacta, je dis « ON » parce que le commanditaire de l'enquête que l'on désirait me confier tenait fermement à son anonymat, enquête sur cette affaire de marque-pages dont personne à ce moment-là ne pouvait se targuer d'y comprendre quoi que ce soit. J'acceptai avec joie mais sans ostentation, d'autant plus que j'étais en manque de liquidité.

Permettez-moi, et celle-ci ne sera pas la dernière, une petite digression : le besoin incessant de liquidités ainsi que l'accumulation de dettes pérennes qui poussent les détectives privés à accepter n'importe quoi, font partie des invariants incontournables qui pèsent sur notre profession.

Invariant incontournable également, cette tendance à ignorer les petits alinéas et autres apostilles placés à la fin d'un contrat et dont les conséquences sont en proportion inverse à la taille des caractères utilisés pour leur présentation.

Un rapport devait être remis à une date très précise, et en cas de retard, le contactant était astreint à des pénalités et autres désagréments, y compris corporels extrêmement dommageables, bien que non spécifiés.

Mais j'en reviens à la découverte macabre que je fis, cette nuit d'hiver au fond d'une ruelle obscure de ce quartier imprécis d'un arrondissement souffrant d'incertitude existentielle à la périphérie d'une ville où régnait une insécurité relative dans un pays que je recommanderais, mais avec circonspection. Mais ce pays, que voulez-vous, c'est le mien.

La jeune femme avait été de toute évidence étranglée, poignardée, démembrée, brûlée, asphyxiée, empoisonnée, écrasée, réduite en petits morceaux et entièrement dissoute dans un bain d'acide sulfurique, au point qu'il ne restait pratiquement rien qui aurait pu témoigner de la présence d'une jeune femme morte ou même vivante. Mais grâce à mon instinct de détective professionnel et à l'odeur enivrante du SO4 H2, je ne pouvais pas ne pas être intrigué par cette découverte.

Il me vint à l'esprit que l'auteur de ce crime abominable aurait pu être un certain Petitjean, figure éminente de la pègre, bien que celui-ci passait pour mort depuis une bonne quinzaine d'années, abattu sans le moindre égard à sa notoriété, par la police et par inadvertance, (Petitjean était un trafiquant notoire en toutes choses improbables mais néanmoins criminelles). Mais il ne faut pas prendre chaque alibi, même le fait de ne plus être en vie, pour autre chose qu'un subterfuge destiné à se soustraire à la justice.

Je passai donc une partie de la nuit dans cette ruelle à recueillir tous les indices qui pouvaient être utiles soit à mon enquête, soit à autre chose : une feuille morte, un cadavre de souris, une plume de pigeon, un vieux porte-plume, une valise en carton, une lettre à un jeune poète, un dentier en ivoire et un buste de Balzac en bronze de taille moyenne, jusqu'au moment où un bruit insolite attira mon attention. Je me glissai alors subrepticement dans l'encoignure d'une porte cochère, profitant de la protection que celle-ci voulait bien m'accorder en m'enveloppant de son ombre bienveillante.

Des pas se rapprochaient, des pas feutrés, doux et lumineux, une femme sans doute, grande mais de taille moyenne, mince mais sans excès, une corpulence affirmée, entre vingt-cinq et trente-neuf ans, voilà ce que l'on pouvait facilement conclure du claquement de ses talons aiguilles sur le macadam.

Mais que déduire de la présence de cette présence, cette femme d'une élégance inhabituelle vêtue d'une robe noire moulante et échancrée sur la jambe gauche, de façon à laisser entrevoir une pince de porte-jarretelles retenant un bas de soie noire, des yeux qui perçaient l'obscurité à même de protéger l'intimité d'un délicat visage où s'ouvrait la déchirure amarante d'un sourire impénétrable sur une dentition parfaite dont la blancheur éclatante rivalisait avec l'albâtre le plus pur, mais qu'en déduire donc, sinon l'imminence d'un danger ?

La silhouette s'affichait hautaine et gigantesque dans l'ombre projetée par le réverbère de la rue adjacente sur le mur qui me faisait face, ombre qui diminuait à chaque pas se rapprochant de l'entrée de la ruelle, donnant l'impression qu'à l'inverse elle s'en éloignait, quand bien même le bruit de ses pas ne cessait d'augmenter. Maintenant l'ombre sur le mur rapetissait de plus en plus au point de ressembler à la silhouette d'un enfant, puis d'un petit bébé, comme si toute la vie de cette femme se déroulait à rebours du temps, jusqu'à ce que l'ombre se fonde en un petit point d'obscurité. Un chat noir apparut là même où l'ombre venait de disparaître, la bête me jeta un regard de fauve, émit un miaulement plaintif, et partit furtivement hors de la ruelle dans l'épaisseur de la nuit. Au même moment, une voiture lancée à grande vitesse percuta cette malheureuse bête, dont on entendit un dernier glapissement de frayeur, et l'envoya atterrir de l'autre côté du carrefour, petite masse noire, mais néanmoins soyeuse, achevant une courte vie au milieu d'une flaque de sang de cette même couleur amarante qui illuminait un moment plus tôt et de façon admirable la bouche de la dame en noir. Le conducteur de la voiture assassine descendit de son véhicule pour vérifier qu'aucun dommage n'affectait la calandre de la voiture et repartit sans prêter la moindre attention au cadavre inerte d'une femme habillée de noir gisant dans une flaque de sang. Il ne remarqua pas non plus, non loin du corps, les deux chaussures à semelles rouges, du même rouge que la flaque de sang, sur laquelle elles semblaient flotter comme deux bateaux perdus en mer.

Se déguiser en chat n'était pas à mon sens le meilleur moyen de passer inaperçue. Je m'éloignai au plus vite de l'endroit, car il ne fait jamais bon de traîner dans le voisinage d'un accident de la circulation. J'abandonnai même le buste de Balzac, qui d'ailleurs n'était ni signé, ni en bronze.

La totalité des indices que je rapportai au petit bureau exsangue et mal chauffé que je partageais (faute de moyens) avec un poète richissime mais terriblement avare, se résumait à peu de choses. La souris morte avait-elle un rapport avec le chat noir ? (On connait l'inimitié qui règne depuis toujours entre les deux espèces) et par la même avec la femme en noir, mais que venait faire cette femme, passé minuit, dans cette ruelle où ne restait plus aucune trace d'un meurtre qui d'ailleurs n'avait peut-être jamais été commis ? Le mot mystère prenait alors tout son sens dans son épaisseur sémantique.

En attendant je n'étais guère avancé, mais l'heure était venue de laisser de côté les affaires professionnelles, de ne penser à rien de façon à ce que les idées puissent jaillir spontanément comme ces particules élémentaires qui se forment dit-on à partir du vide, et cela le temps de faire couler un bain. J'étais encore sous le choc d'un événement antérieur auquel il est temps de revenir si l'on veut comprendre quelque chose, tant la chronologie peut en sembler confuse, ce n'est pas de ma faute si le temps lui-même joue à saute-mouton à l'instar d'un film que l'on projetterait sans se soucier de l'ordre des bobines. Mais avant cela, il me faut fermer le robinet de la baignoire avant que celle-ci ne déborde, et j'ai besoin de nettoyer une tache de sang sur ma chemise au niveau de la poitrine un peu au-dessus du cœur, Dieu sait ce que je vais découvrir une fois cette chemise enlevée mais rien de tel qu'un bon bain (même si l'eau n'est pas toujours aussi chaude qu'on le voudrait) pour oublier les petites misères de la journée.

Je ne pense pas que la balle ait produit autre chose qu'une égratignure superficielle lorsqu'une dame entièrement habillée de noir et dont on ne pouvait manquer de remarquer la couleur amarante avec laquelle elle avait peint ses lèvres ainsi que la blancheur éclatante d'une dentition parfaite, avait retiré un pistolet de petit calibre d'un étui attaché à sa jambe gauche facilement accessible grâce à l'échancrure de la robe, alors qu'au même moment la minuterie de l'entrée, venait avec un ultime soupir de plonger dans le noir non seulement le couloir, (où je me trouvais,) au bas de l'escalier (au sommet duquel elle-même se tenait), rendant la position de la cible (c'est-à-dire moi-même) difficile à localiser, limitant ainsi sérieusement l'efficacité du tir. Cette dame avait néanmoins froidement et ce malgré l'obscurité, appuyé sur la gâchette, sans se soucier que le caractère imprévisible du résultat était tout à fait prévisible.

Que faisait donc cette dame en noir en haut de cet escalier ? Voilà une bonne question, mais une question meilleure encore serait celle-ci : que faisais-je moi-même au bas de ce même escalier qui mettait fin à l'étroit couloir dont la porte située à l'autre extrémité ouvrait sur une petite rue mal éclairée ? Mais l'instant n'est pas venu d'y répondre.

Je me glisse dans l'eau chaude, (pour une fois mon poète richissime mais avare n'a pas précédemment utilisé toute l'eau chaude contenue dans le ballon bien trop petit pour répondre aux besoins de deux personnes,) et je me laisse peu à peu envahir par un délicieux sentiment d'inexistence. La balle n'avait certainement pas percé la plèvre ni pénétré le poumon, ayant été sans doute déviée par une côte et elle était ressortie quelque part par derrière, là où les limites imposées à la rotation de la tête m'interdisaient de constater les dégâts.

Le sommeil me guette, même si une légère douleur insistante mais supportable se joint à un engourdissement progressif du flanc gauche, et alors que mon regard se pose sur l'éclat d'une ampoule électrique reflétée dans l'eau du bain, et qu'au milieu de celle-ci une mince rivière rouge amarante se forme et se déplace de droite à gauche à chacun de mes mouvements et ne cesse de s'élargir jusqu'à occuper la totalité de la surface de l'eau d'un bord à l'autre de la baignoire. Je ferme les yeux, je plonge, je rêve un rêve aussi lent qu'un coucher de soleil dans un pays où le soleil ne se couche jamais.

C'est ainsi que le poète richissime mais terriblement avare me découvrit nu, les yeux fermés et baignant dans un bain de sang. Je lui dois sans doute la vie. Me sortir de la baignoire, appliquer un tissu pour arrêter le saignement de la blessure que l'eau décidemment trop chaude avait rouverte, appeler un ami pour se faire prêter une voiture (et éviter le coût exorbitant d'une ambulance ou d'un taxi) ; attendre que l'ami retrouve les clés de la voiture dans le sac à main de sa compagne partie chez le coiffeur, me faire monter dans ladite voiture et m'en faire descendre quelques rues plus loin faute de carburant, m'accompagner à pied jusqu'à l'entrée de l'hôpital même si j'avais à ce moment retrouvé quelques globules rouges et la force de me déplacer sans aide : tout cela lui coûta un effort qu'il ne cessera jamais de me rappeler. La blessure n'était pas mortelle du point de vue médical mais ma présence dans cet hôpital aurait pu rapidement le devenir, et c'est à peine si j'attendis la fin de l'opération pour arracher tous les tubes, perfusions, cathéters et sondes diverses et m'enfuir, alors qu'une ombre se découpait sur le rideau de plastique qui servait à m'isoler du reste de la salle d'opération. Cette ombre, était l'ombre d'un corps que précédait un bras, au bout duquel une main, féminine à n'en point douter, se terminait par un revolver de petit calibre.

Une sueur ni chaude ni froide ruisselait le long de mon épine dorsale, alors qu'au volant de la voiture de l'ami de mon colocataire poète et dont on avait finalement retrouvé les clés dans une boîte à biscuits, j'essayais de m'éloigner le plus vite possible de l'hôpital quitte à commettre quelques infractions au Code de la route lorsqu'une forme noire difficile à identifier, (un chien, un chat ?) bondissant d'une ruelle adjacente vint à croiser ma trajectoire. Malheureusement pour l'animal, toute la pression que j'exerçai sur la pédale de frein n'eut aucun effet à cause d'une plaque de glace qui recouvrait la chaussée, faute d'une évacuation adéquate des eaux de pluie, rendant ainsi la collision inévitable.

La calandre de la voiture était enfoncée à l'endroit de l'impact et montrait des taches de sang, ce qui était assez préoccupant vu que mon ami poète refuserait sans doute de dédommager le propriétaire de la voiture, et me rendrait bien entendu responsable des dégâts.

Me voici donc de retour dans ma baignoire, flottant mollement dans une eau tiède, le corps relâché mais l'esprit en éveil. Mes yeux se portent sur le reflet dans l'eau du bain d'un tube fluorescent, tache de lumière bleutée qui va et vient de droite à gauche au gré des vaguelettes que mon corps, bien qu'immobile, ne peut empêcher. Cette lumière dansante me livre une image de la vérité ballotée sans cesse d'un point à un autre suivant les mouvements chaotiques de l'opinion, et me confirme que le monde dans lequel je nage infatigablement et à rebours, n'est qu'une cour de justice où se succèdent d'interminables plaidoiries, mais dans laquelle la justice, elle, est absente.

Je tire sur le fil reliant des petites billes d'acier et soulève la bonde. L'eau du bain s'organise en un tourbillon où brillent vingt mille étoiles, entraînant ma rêverie dans les égouts de la ville.

Mais il est temps d'introduire ici mon colocataire qui vient d'ouvrir la porte d'entrée et comme la lumière de la salle de bains, (la lumière bleue-verte et un peu sale d'un tube fluorescent) est visible sous la porte, il s'imagine que je l'occupe.

Que dire de mon colocataire ? Il est poète. Bon ou mauvais ? Je ne saurais le dire, la poésie ne fait pas partie de mon champ d'expertise. Il est riche, très riche, suffisamment en tout cas pour afficher ostensiblement l'apparence d'une précarité financière à laquelle il n'a aucun droit, ainsi que des opinions à l'opposé de celles de la classe dont il est issu. Cela le rend intransigeant, obsessionnel, tyrannique et difficile à vivre. En dehors de cela , il est honnête et paye sa part du loyer et celle des frais d'entretien de notre modeste appartement avec une régularité scrupuleuse, mais il est impossible de lui extorquer le moindre centime. Pour l'instant, il éteint, sans oublier un soupir d'agacement à mon égard, une lumière dans l'entrée que j'avais à tort laissé brûler mais pour la rallumer aussitôt afin de ne pas rester dans le noir.

La porte de la salle de bains s'ouvrit lentement avec ce grincement si caractéristique des vieilles personnes, laissant passer dans le triangle de lumière électrique un chat noir qui sans même lui jeter un regard sortit de l'appartement fermant la porte derrière lui.

C'est ainsi que le poète me raconta l'histoire le lendemain matin. Mais faut-il croire tout ce que dit un poète ? En tout cas, il en était encore tout chamboulé quand il me raconta qu'il pensait me découvrir, noyé dans un bain de sang. Bien sûr, il n'en était rien, une fois le chat parti, la salle de bains, comme la baignoire, étaient vides, et j'étais là, bien vivant, à l'écouter. Mais il en parlait de façon si convaincante que je finis même par douter de ma présence actuelle. Je lui demandai, habitude professionnelle, de me décrire l'individu, mais lorsque j'eu éliminé toutes les fioritures inutiles de son bavardage, il ne resta de son témoignage qu'une seule chose à retenir, à savoir qu'il s'agissait d'un chat de couleur noire.

Avait-il besoin de me raconter cette histoire à dormir debout, cela cachait-il quelque chose ? Un bon détective privé doit se méfier de tout ce qui se dit, y compris par ceux avec qui il partage son quotidien.

Il était urgent d'examiner toutes les données en ma possession.

C'est là que l'imagination peut intervenir et faire jaillir, dans le foisonnement d'indices, le sens et l'ordre des choses, et rien de tel pour y parvenir qu'une sieste post-prandiale, lorsque, allongé sur un canapé confortable, on s'abandonne à une rêverie que l'on espère productive, où seul le rêve peut de manière efficace corréler des événements en apparence totalement étrangers les uns avec les autres et par là même révéler l'architecture insoupçonnée de « l'affaire ».

Sans doute agacé par mon ronflement, le poète richissime mit fin brutalement à ma contemplation onirique. Il voulait m'annoncer qu'il avait reçu un carton d'invitation à une vente aux enchères de livres anciens et modernes, chose assez curieuse en cette période où les livres ne se vendaient plus. Mais justement, la curiosité étant la mère de tous mes vices, je profitai d'un moment d'inattention pour lui soustraire ledit carton.

L'adresse où la vente devait avoir lieu était la suivante : 104 bis rue Laurence Sterne, sur invitation uniquement.

Ignorant l'existence même de cette rue, je me plongeai dans une encyclopédie renommée où la biographie de cette Mme Sterne (née Shandy) était brièvement évoquée. D'après l'article qui lui était consacré, la mère, Mme Shandy (née Tristam en 1894) avait été une cantatrice dont les rêves de gloire furent anéantis à cause d'un accident regrettable qui mit fin à l'espoir de la carrière brillante à laquelle ses études musicales l'avaient promise, lorsque le plancher d'une salle de répétition du conservatoire où elle travaillait ses vocalises s'effondra sous elle, la laissant sans voix, (les mauvaises langues suggérèrent que son poids y était peut-être pour quelque chose).

L'oncle de Laurence, Jonathan Tristam, de quelques années plus âgé qu'elle, était l'associé d'un entrepreneur de travaux publics, Léopold Swift, dont la société était responsable de la construction de la salle en question, mais qui refusa toujours d'accorder des dommages quelconques aux victimes de l'incident, ce que le beau-père de Mme Shandy, Georges Shandy, ne voulut jamais pardonner. L'épouse de Leopold Swift, l'entrepreneur, Marguerite (née Rousseau), autrice de plusieurs livres de poésie mourut quelques temps plus tard d'empoisonnement. L'on dit alors, que la cause en était la mauvaise qualité de ses propres vers.

Le père de Mr Georges Shandy, Raymond Shandy, propriétaire d'une villa à Garches dans les environs de Paris avait lui aussi la réputation d'être particulièrement rancunier bien que la carrière musicale de la belle-fille de son fils lui ait été tout à fait indifférente. La seule chose, cependant que l'on connaisse de nos jours à propos de Mme Laurence Sterne est cette robe noire, fendue sur le côté gauche, dont elle se revêtait souvent, comme en témoigne ce portrait en pied qui la représente, portrait accroché dans l'entrée du numéro 904bis de la rue portant son nom, portrait assez médiocre et de facture maladroite. La raison de l'attribution de cette rue à cette dame parfaitement inconnue, est assez mystérieuse bien que sans importance car la rue elle-même est toute petite, insignifiante et sans caractère, les numéros situés entre le numéro 4 et le numéro 104 étant introuvables, comme s'ils avaient un jour été retirés de la rue, emportant avec eux les maisons qui leur correspondaient.

Étais-je réellement insouciant ou seulement indifférent au danger que cette étrange invitation pouvait contenir ? Néanmoins, la vue de cette dame en noir qui semblait vouloir sortir du cadre doré me fit froid dans le dos.

L'entrée de cette maison, un couloir étroit où chacun de mes pas semblait être suivi du regard attentif de la dame au portrait, menait à un escalier monumental sans rapport avec les dimensions de l'entrée elle-même. À l'étage, une sorte de salon ovale était affecté au cérémonial de la vente aux enchères. Les chaises alignées en une demi-douzaine de rangs étaient semblait-il déjà toutes occupées, hommes et femmes, assis bien droits et raides, immobiles et silencieux. Au fond de la pièce, une estrade et une table sur laquelle se trouvait une pile de livres, les chandelles et le petit marteau d'adjudication. Je m'avançai vers le premier rang dans l'espoir de trouver une place libre mais une surprise m'attendait au pied de l'estrade : le corps recroquevillé (bien que de petite taille et légèrement obèse), et vraisemblablement à peine refroidi de Petitjean, ce même Petitjean que l'on croyait mort depuis bien longtemps mais qui avait ainsi rejoint sa légende en recevant en plein cœur une balle de petit calibre. Je fus obligé de reconnaître qu'il ne pouvait être coupable du meurtre de la ruelle mal éclairée puisque celui-ci n'avait probablement pas encore eu lieu. Cela n'expliquait en rien cependant le silence et l'immobilité de l'assistance, mais en me retournant, je constatai que celle-ci était en fait composée de découpes en carton dont seuls les dos avaient été peints de façon fort réaliste au point de pouvoir être pris pour des personnes réelles, contrairement aux faces, restées vierges.

J'étais donc seul en présence du cadavre et spectateur d'une mise en scène macabre destinée à mon colocataire.

Je m'éloignai au plus vite sans toutefois oublier d'emporter un des livres posés sur la table, et bien déterminé à exiger des explications de la part de mon ami poète.

Une fois au pied de l'escalier, à quelques mètres seulement de la porte de sortie, je fus surpris de voir qu'à l'intérieur du grand cadre doré la toile ne montrait plus qu'un fond sombre et sans relief. Aussitôt une voix glacée m'intima l'ordre de laisser là le livre que j'avais chapardé. En haut des marches se tenait Mme Laurence Sterne, vêtue de la robe noire, un pistolet à la main. Cette apparition disparut subitement lorsque la minuterie du rez-de-chaussée plongea le couloir dans l'obscurité.

J'ai emporté le livre, vraisemblablement un recueil de poésie publié à compte d'auteur, mais sans indiquer le nom de l'auteur en question. Malheureusement, au moment où j'ouvris le livre en question, confortablement installé dans la baignoire, un marque-page que je n'avais pas remarqué s'en échappa, et aussitôt les lettres se mirent à changer de place à une vitesse considérable et le texte devint très vite illisible, ses pages brûlantes et une fumée noire du noir de l'encre noire des caractères en ébullition s'éleva jusqu'au plafond. Je replaçai le marque-page, (sec, heureusement la baignoire étant à ce moment, hormis ma présence, vide) dans le livre sachant que le texte retrouverait son ordre original mais à la condition, et à la condition seulement de rester fermé sur ce marque-page de marché noir, dénaturé, toxique et particulièrement contagieux.

Mme Sterne, Petitjean, un chat noir, un livre et son marque-page, une robe échancrée, le buste de Balzac, comment ces éléments étaient-ils liés les uns aux autres, et que venait faire le buste de Balzac sinon ajouter de la complexité à un problème déjà bien délicat ?

Je craignis un moment d'avoir à lire toute l'œuvre de cet écrivain, mais cela me paraissait bien au-dessus de mes forces.

Je décidai donc, (une impulsion bien plus qu'une décision consciente,) de me rendre à nouveau dans la ruelle à la recherche du buste et de l'examiner avec une plus grande attention.

Le cadavre de la jeune femme était toujours là, l'opération de démembrement et de dissolution dans l'acide n'avait pas encore eu lieu, par contre Balzac n'y était plus. En revanche, il avait laissé dans les nombreux graffitis peints sur les murs les traces indélébiles de sa fuite sous la forme de très nombreuses petites phrases, assez difficiles à lire, mais fertiles en informations, autant de petits cailloux du Petit Poucet qui me menèrent rapidement rue Laurence Sterne au numéro 102, dernier numéro de la rue ; cette malheureuse, bien que déjà petite avait encore rétréci. Un voisin m'informa que le numéro 104 avait été vendu la veille aux enchères, et avait été emporté immédiatement une fois l'affaire conclue, il nia avoir jamais aperçu une dame en noir et partit brusquement lorsqu'il s'aperçut qu'un chat noir nous regardait du fond de la rue d'un air méfiant.

Au propre comme au figuré, j'étais dans une impasse. Je n'étais certes qu'au tout début de mon enquête, et pourtant j'avais déjà trois cadavres sur les bras, (je ne compte pas celui de la souris,) un nombre indéfini de femmes mystérieuses, deux accidents de voiture, et une balle de petit calibre dans le poumon gauche, (ou pas très loin,) mais cela ne semblait pas vouloir me mener où que ce soit.

Ne pas céder au découragement, à une perte de confiance en soi-même, à une autocritique systématique, à la tendance à s'accuser de négligence, de paresse ou d'insuffisance intellectuelle, non, il faut vaincre ces impulsions négatives, savoir dégager au milieu de la confusion ambiante les aspects positifs, reconnaître les atouts à sa disposition et garder le regard fixé droit devant, vers un but clair et bien défini.

Ce dont j'étais, je dois l'avouer, bien incapable. Je sentais monter en moi les signes avant-coureur de la dépression, et j'avais devant mes yeux, une image désolante, où l'on me voyait comme un petit bonhomme fatigué et malheureux, s'éloignant vers l'horizon d'un paysage indéfini, traînant avec lui une valise en carton. Spectacle désolant de ma vie actuelle, à l'âge que j'ai, cet âge où l'on dit de vous que vous êtes sans âge, un âge qui n'est ni ingrat, ni mûr, ni avancé, pas même en retard, mais un âge qui n'avance plus, qui traîne son âge comme on promène un vieux chien qui lui non plus n'a pas plus d'âge que son maître, avoir l'âge de rien et sans même savoir à quel âge ça s'arrête. Quelle misère ! Il va falloir que je rédige mon rapport d'enquête dont je sais à l'avance qu'il ne sera pas lu, mais jugé selon son poids, et là, pas moyen de tricher avec la balance, c'est un vieux modèle Roberval qui a fait de tout temps ses preuves. La pensée d'avoir à faire tout ce travail me pèse plus que le poids de la rame de papier qu'il va me falloir noircir, et l'image de ce petit bonhomme voûté et sans âge qui s'éloigne vers l'horizon d'un paysage indéfini en traînant une valise en carton, ne me quitte pas et cette valise grandit petit à petit jusqu'à occuper tout l'espace, je veux dire toute une page qui ouvre le rapport ainsi que toutes les pages suivantes au point qu'il m'est impossible de ne pas voir cette valise en carton dans laquelle j'ai, en grande hâte, placé la feuille morte, le cadavre de la souris, la plume de pigeon, le vieux porte-plume, la lettre à un jeune poète, le dentier en ivoire, tout sauf le buste de Balzac en terre cuite (qui était trop lourd), pour ramener le tout à la maison.

Mais une fois de retour dans l'appartement, je trouvai une note posée en évidence sur le rebord de la baignoire: «Je pars vivre au Brésil où se trouvent encore des amoureux de la poésie, je te confie ma collection de marque-pages, prends en soin, elle a pris de la valeur ces derniers temps, je la récupérerai plus tard.» Mon colocataire, poète et particulièrement pingre, avait ramassé ses affaires, et les avait emmenées dans la valise en carton. Ainsi disparut le seul indice que je n'avais pas scrupuleusement examiné. Déconcerté par cette nouvelle et la perte de la valise, je décidai de prendre un bain de façon à pouvoir réfléchir à mon aise. Malheureusement il ne restait plus une seule goutte d'eau chaude dans le ballon. C'est donc ainsi que je me retrouvai assis à la petite table entre la machine à laver, le linge et le réfrigérateur, table sur laquelle le poète fortuné désormais en fuite écrivait ses poèmes en quête d'éditeurs. Maintenant seul dans les lieux, ces derniers paradoxalement me paraissaient encore plus petits. Sur la table se trouvaient les indices ramassés dans la ruelle, le plus étrange étant le dentier en ivoire qui me renvoyait un sourire glacé.

La collection de marque-pages laissée en guise d'adieu était impressionnante.

J'y jetai un coup d'œil, un détective privé se doit de ne négliger aucun détail, principe auquel j'avais pourtant de nombreuses fois dérogé.

La plupart renvoyaient à quelques entreprises commerciales, principalement des éditeurs dont c'était la seule manière de se faire de la publicité, quelques-uns à des professions libérales qui s'étaient donné le mal de les faire imprimer. L'une d'entre elles provenait d'un dentiste qui proposait des prothèses de toutes sortes et réalisées avec différents matériaux, soit courants, soit exotiques, dents en bois de rose ou en corne de rhinocéros entre autres. Pendant ce temps le dentier posé sur la table montrait toutes ses touches de piano (auxquelles il manquait bien sûr celles en ébène), touches éclatantes de blancheur ivoirine, étincelantes comme une provocation. Seule l'adresse du dentiste était indiquée sur le marque-page, je mis ce dernier dans la poche de mon imperméable, ainsi que le dentier trouvé dans la ruelle et partis vers un quartier à la périphérie de la ville où se trouvait le cabinet dentaire. Il n'y avait personne dans la salle d'attente, et je fis ce à quoi on peut s'attendre de faire dans un pareil endroit, c'est-à-dire attendre, et ceci sans que jamais cette attente semble justifiée. Quelques fauteuils, une table avec des revues d'une mode d'un autre temps, un vieux piano dont le clavier ne montrait plus que les touches noires, semblaient avoir été déposés sans égard à leurs fonctions dans cette pièce toute en longueur et si peu éclairée que ce n'est qu'après un long moment que je sentis une présence humaine, le glissements de quelques pas lents et mesurés. Une voix me pria de la suivre au travers d'une petite porte que je n'avais pas remarquée dans l'ombre de la pièce.

Le cabinet était vétuste mais le siège de dentiste trônait au centre d'un cercle de lumière comme une idole sacrée. Au mur, des étagères contenaient un grand nombre de dentiers, certains semblables à celui que j'avais dans la poche. Je n'avais aucune intention de m'assoir sur le trône et d'ouvrir grand la bouche, (je n'ai jamais aimé aller chez le dentiste et la suite n'allait pas tarder à renforcer ma détestation). Faisant mine d'admirer la collection de prothèses, je coupai court à toute question sur les raisons de ma visite, et demandai au dentiste de me donner des renseignements sur le propriétaire du dentier que je venais de sortir de ma poche, étant convaincu que ce dernier venait de l'endroit même où nous nous trouvions, au vu des matériaux utilisés, du style et de l'attention portée à la fabrication des objets dans les vitrines. Le dentiste, un petit monsieur maigre et visiblement en mauvaise santé, apparemment insensible à mes compliments, ne cessait de fixer des yeux le dentier que je tenais au creux de ma main, moi même prêt à la retirer au cas où il aurait cherché à arracher cet objet dont la vue semblait lui causer plus de frayeur que de curiosité. (Un long moment passa et comme s'il avait été décidé que le temps ne puisse plus s'écouler normalement, tout s'était immobilisé.) La musique, comme prise au piège dans de la glace fût réduite à une seule et longue note. Il n'était même plus question de se râcler la gorge ou de sortir son mouchoir. Notre bonhomme se reprit, visiblement à la recherche d'un mensonge qui puisse le débarrasser de ma présence, mais quelque chose l'en empêcha, il leva brusquement le regard vers le plafond, renversa la tête en arrière et en émit un râle aussitôt étouffé par un flot de sang qui lui sortit de la bouche. Il tomba à terre comme une vieille poupée de chiffon, un cadavre de plus, et la certitude que quelqu'un avait à cœur de maintenir son anonymité quel qu'en fût le prix.

Cela requérait un minimum de réflexion, ainsi que les conditions favorables à celle-ci.

Pendant mon absence le ballon avait chauffé une quantité d'eau chaude suffisante pour remplir la baignoire. Mais un autre événement mit fin à mon projet de méditation en eau peu profonde. On sonna à la porte. Celle-ci comportait un judas qui permettait de voir quiconque susceptible de venir me déranger à l'heure du bain. L'œil collé à la petite lentille qui donne de l'extérieur une vision déformée comme celles que rendaient les miroirs convexes que l'on trouvait autrefois dans les foires, je ne pus percevoir qu'un petit chat noir qui détalait au fond du couloir. Je sortis vérifier qu'il ne s'y trouvait personne d'autre, mais aussitôt la porte se referma en claquant dans mon dos. À l'intérieur, un œil noir était collé au judas et me regardait, moi, pieds nus, en robe de chambre bleu pâle, (elle appartenait au poète qui n'avait pas jugé bon de l'emmener au Brésil,) petite silhouette perdue et enfermée dans une bulle au milieu d'un couloir qui s'étendait à l'infini.

Heureusement, la porte n'était pas verrouillée, j'entrai précautionneusement dans l'appartement et bien que ce dernier fût bien celui dans lequel j'habitais depuis de longues années, je ne reconnaissais pas, comme si je m'étais trompé d'étage et de porte.

« Ne vous inquiétez pas ! J'ai opéré ici quelques changements en accord avec mon goût, vous savez, quand on a longtemps travaillé dans la décoration d'intérieurs qui ne vous appartiennent pas, on ne peut plus s'arrêter, et le vôtre a tellement de potentiel ! C'eut été dommage de ne pas en profiter. »

Mme Laurence Sterne était assise les jambes croisées sur un canapé blanc, au milieu d'un salon d'où toute couleur avait été proscrite. Sur une table basse, un rectangle de verre posé sur un cadre de métal lui aussi peint en blanc, se trouvait la plume de pigeon, le porte-plume, et la lettre à un jeune poète.

Mme Sterne était habillée également tout de blanc si bien que seul son visage, bien qu'ayant une peau très pâle, mais les lèvres peintes d'un rouge assez vif, semblait exister au milieu d'une absence totale de formes et de couleurs. Sa voix chantante et harmonieuse de mezzo-soprano se fit entendre sur un mode tantôt majeur, tantôt mineur :

« Je ne vais pas vous raconter
Ni le pourquoi ni le comment
Dans votre vilain logement
Sournoisement me suis glissée
En vous laissant sur le palier
Je me suis fort bien amusée
De vous avoir tant contrarié

Pour moi les intérieurs
N'ont pas plus de secret
Que les secrets eux-mêmes.
Vous auriez quand même pu
En déchiffrer vous-même
Si vous aviez voulu
Vous en donner la peine

Une plume s'en va
Au loin par la fenêtre
Et sur le porte-plume
Un poète s'enrhume
À écrire une lettre
Que personne ne lira »

Puis la voix descendit d'une octave et reprit sur un ton monocorde : (De toute évidence cette dame ne maîtrisait pas parfaitement la science de la versification, mais qui suis-je pour le dire ?)

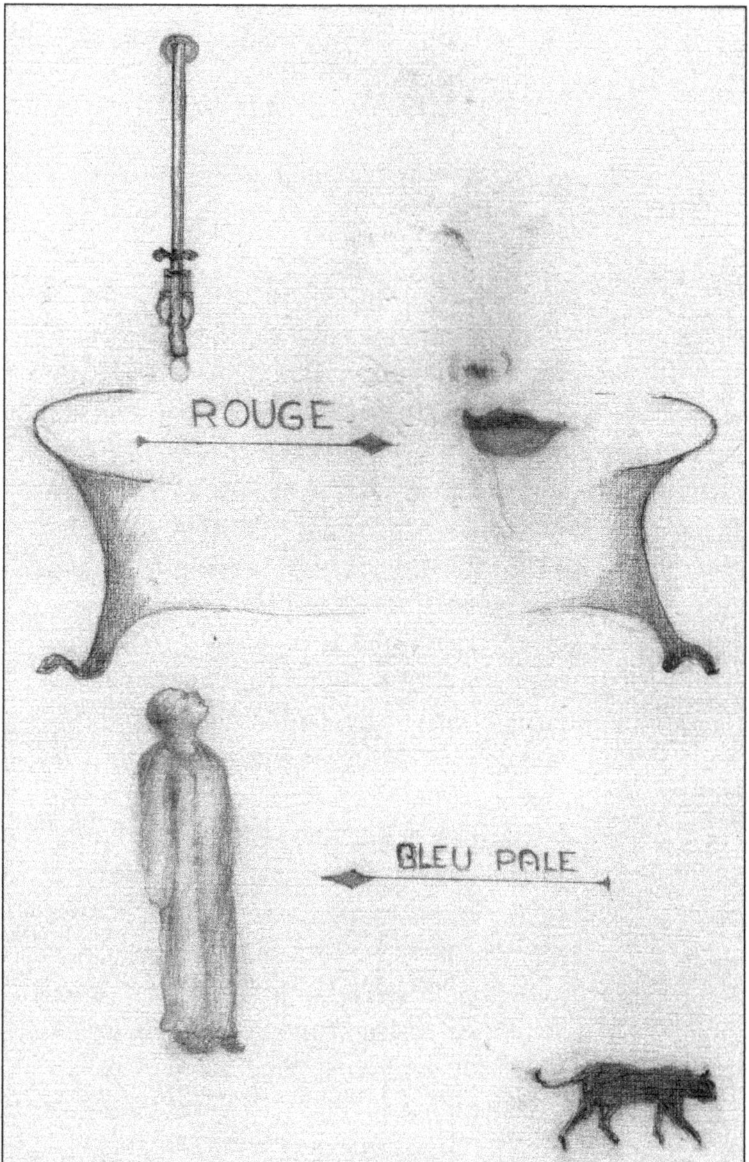
ROUGE
BLEU PALE

Elle reprit :

« Mais je m'égare, vos applaudissements ne sont pas nécessaires. »
(Je n'avais par ailleurs aucunement l'intention d'applaudir.)

« Revenons à ce que je tenais à vous dire : voyez-vous, la plume, la plume dans le porte-plume et la lettre à un jeune poète, une lettre écrite avec une plume, une plume de pigeon et un poète qui écrit avec une plume une lettre à un autre poète, plus jeune celui-ci, et cela sous vos yeux, vous ne voyez toujours pas ? C'est pourtant évident ! D'ailleurs, où est-il ce poète ? Parti sans doute, et loin j'espère.

Peu importe, tout se tient, tout est enchaîné solidement dans l'implacable mécanique des causes et des effets et il suffit de tirer un bout de la chaîne pour défaire un nœud en apparence, mais en apparence seulement, indénouable. Mais vous, vous n'avez même pas trouvé le petit bout de la chaîne, et pour vous la chaîne, c'est celle qui vous permet de tirer la bonde de votre baignoire pour la vider. Vous n'avez rien trouvé du tout, et votre appartement sent la sueur, vous devriez prendre un bain au lieu de rester là planté au milieu de rien, à peine vêtu de cette robe de chambre d'une couleur détestable. Ici, au milieu de ce salon, vous faites tache, mais surtout, ne défaites pas la ceinture de votre robe de chambre avant que je ne sois sortie. Je ne sais pas ce qui me retient de sortir un pistolet de petit calibre de son étui caché dans les replis de ma robe et de vous transpercer le poumon gauche. Mais avant cela, vous ne m'avez rien dit de la façon dont j'ai refait la décoration de votre appartement, il paraît bien plus grand vous ne trouvez pas ? Le minimalisme est une tendance très actuelle, "Less is more", comme on dit maintenant. Mais vous vous doutez bien que je ne me suis pas donné le mal de venir dans ce quartier pourri pour refaire votre appartement ni même pour vous tirer une balle dans la poitrine. C'est le poète que j'étais venu voir et vous, vous ne faites pas l'affaire. Alors je me contenterai de vous mettre en garde et de vous conseiller de ne plus vous occuper d'une affaire qui non seulement vous dépasse mais encore, ne vous concerne pas. »

(Et cette fois une octave plus haut :)

« Craignez que sous vos pas un jour le sol s'effondre,
Vous vole votre voix la voix de votre enfance
Et vous laisse égaré puisant dans les décombres
Le goût et l'infini désir de la vengeance »

Plus bas :

> « D'autre part, je me suis permis de reprendre le livre que vous avez trouvé chez moi : non pas que j'y tienne beaucoup, mais le marque-page qu'il contient m'est précieux et de toute façon vous ne sauriez pas vous en servir, pas plus que la collection que votre ami le poète a laissée inconsidérément à vos soins, je m'en charge également, quant à Balzac, ne vous donnez pas la peine de le lire, cela ne vous servirait à rien. »

Ce sur quoi elle disparut, en emportant sa voix de mezzo-soprano, le livre, la collection de marque-pages, et la blancheur dont elle avait recouvert tout mon appartement.

Il est un temps pour l'action et un autre pour la réflexion.

En ce qui concerne la réflexion, j'avais de quoi nourrir la mienne. Je décidai de reprendre les points essentiels de l'allocution de Mme Sterne afin d'en démontrer l'inconsistance, à savoir : prétendre que toutes choses seraient obligatoirement liées dans des relations de causes et d'effets reviendrait à nier la nature chaotique du monde et le caractère stochastique du déroulement des événements qui le parcourent et le modifient. Ne voir dans les apparences qu'une succession prévisible de faits identifiables serait ignorer l'existence non seulement du hasard, de l'impromptu, de la pure coïncidence, mais aussi de l'imaginaire, du rêve, de la poésie, de la beauté même dont les sources naissent souvent de l'improbable, et parfois même de l'absurde.

Content de cette pensée profonde, je décidai de mettre fin au temps de la réflexion et de passer aux actes.

Premier acte

Mais il n'est pas si facile de décréter de façon aussi abrupte la fin de toute réflexion, le cerveau est un moteur qui ne cesse de tourner tant qu'il lui reste au moins une goutte de carburant, et la menace proférée par Mme Sterne ne pouvait pas ne pas me préoccuper, et, bien que sans posséder la preuve de sa culpabilité dans la mort de Petitjean, (entre autres,) j'étais convaincu qu'elle en était responsable. Par ailleurs, l'allusion qu'elle avait faite à une participation de mon poète fortuné à toute cette affaire, me laissait songeur.

Je sentais que plus j'avançais dans cette enquête, plus les indices s'accumulaient et devenaient de moins en moins déchiffrables et allaient se perdre dans un épais brouillard, ce qui m'empêchait d'arriver à une éventuelle conclusion.

J'ai rempli la baignoire, la température de l'eau est parfaite, la lumière d'un soleil couchant se faufile dans la salle de bains par l'étroite fenêtre, elle rebondit sur la surface de l'eau comme sur un miroir et dessine au plafond des formes abstraites, je glisse dans un demi-rêve où le temps s'enroule sur lui-même, un parfum s'invite, douceâtre tout d'abord, puis il insiste, demande à être reconnu, amer, violent, acide, je sens ma peau se flétrir, devenir grise et exsuder une fumée noire, je découvre avec terreur que la baignoire n'est pas remplie d'eau mais d'acide sulfurique, la lumière ne vient pas d'un soleil couchant, c'est tout l'appartement qui brûle, et au milieu des flammes une femme habillée d'une robe noire tient dans sa main un gros calibre, les balles me transpercent tandis que Petitjean et le poète revenu du Brésil vêtu d'un costume de marque italienne qui ne lui va pas du tout, dansent autour du brasier une samba satanique.

J'ouvris le robinet de la baignoire, l'eau était chaude mais froide était la sueur qui coulait sur ma peau traînant en son sillage un parfum acide. J'hésitai à sortir de ma robe de chambre bleu pâle, je ne savais pas quoi penser de ces visions qui s'invitaient quelques fois sans être sollicitées et qui m'inquiétaient.

À ce moment-là, le bruit d'une voiture lancée à toute vitesse et ne parvenant pas à freiner sur une chaussée glissante faute d'entretien adéquat, suivi du son mat de la rencontre de ladite voiture avec une dame entièrement vêtue de blanc sortant précipitamment d'une ruelle anodine, ce bruit très particulier et parfaitement reconnaissable mit fin à ma rêverie.

Je ne pris pas le soin d'aller vérifier l'identité de la victime ni le devenir des centaines de marque-pages répandus sur la chaussée, qui une fois balayés par les pluies à venir allaient certainement infecter toute la ville et ses environs.

La fenêtre de mon petit appartement ne donnait pas sur la rue mais sur une cour aveugle, mon instinct de détective privé professionnel me dispensait d'aller constater visuellement ce que je savais déjà.

Il me revint à l'esprit que mon rapport était dû ce jour même, ne pas le remettre m'exposait à des ennuis plus graves encore que les conséquences imprévisibles des événements récents, je pris alors une décision courageuse : remettre à plus tard le bain désiré, prendre la plume de pigeon dans le porte-plume et me mettre à écrire, au dos de la lettre à un jeune poète et sous l'œil bienveillant (bien qu'absent) du buste de Balzac, et, en guise de rapport, ce qui me passait par la tête, à savoir… tout et n'importe quoi !

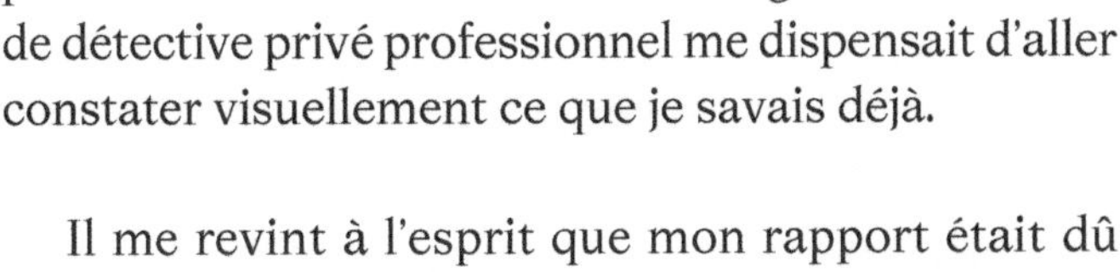

L'auteur remercie Marie-Laurence Gueguin-Saer
pour ses précieux conseils et corrections.

Achevé d'imprimer en septembre 2024
sur les presses de la Nouvelle Imprimerie Laballery
58500 Clamecy
Dépôt légal : octobre 2024
Numéro d'impression : 408148

Imprimé en France

La Nouvelle Imprimerie Laballery est titulaire de la marque Imprim'Vert®